企業併購的
財富效應研究

鄭豔秋 編著

財經錢線

摘　要

　　併購是企業尋求快速增長的重要手段之一，不論其動機如何，最終都會引致社會資源的重新分配，並對企業各利益相關者產生重大影響。中國的首例企業併購發生於1984年——保定紡織機械廠兼併保定針織器材廠，而1993年的「寶延」事件拉開了資本市場併購的帷幕。在2000年以後，西方國家經濟蕭條和股市疲軟，公司併購活動也開始萎縮，而與之形成鮮明對比，中國上市公司的併購活動在宏觀經濟形勢向好的前提下，呈現出井噴之勢，可以認為這是中國的第一次併購浪潮。

　　在過去的幾十年間，經濟學家和財務學家對上市公司併購進行了廣泛而深入的研究，其成果可謂汗牛充棟。總體來看，其關注點主要是併購的動機與經濟後果，其中對於經濟後果的研究主要是以事件研究法為主的併購長短期績效分析，以此厘清併購對股價的影響，因此其關注的核心是併購對股東的影響。雖然學者們的研究結論不甚一致，但從主流的觀點看，主並公司股東會因併購而利益受損，這可以稱為「併購之謎」。

　　近年來，在公司治理的研究領域，學者們日漸關注到除股東外的其他利益相關者，這也為本書研究和解開併購之謎提供了思路。併購是公司的重大事件，其經濟後果不僅影響到股東的利益，而且影響到債權人、高管、普通員工和政府等的利益。由於不同公司的股權結構存在差異，併購對控股股東和中小股東的影響可能不同。因此要解開併購之謎，我們不能僅僅囿於併購對股價的影響方面，而應該系統研究併購對各個利益相關者的影響。只有時刻關注各利益相關者的合理利益訴求並使之平衡與協調，才能使併購活動沿著健康的方向發展。這正是本書試圖研究與回答的問題。

　　除導論外，全書共分7章，具體內容與主要觀點如下：

　　導論。首先闡述了本論著研究的相關背景及意義，提出了從利益相關者視角研究併購行為的可行性與必要性；其次對本書重要的概念——併購、利益相關者及二者之間的關係進行了界定，為下文系統研究做了合理的鋪墊；最後對

本書整體研究思路、邏輯結構、研究方法做了必要的介紹。

第1章，理論基礎與文獻述評。首先，對併購理論從併購動機、併購經濟後果兩個角度進行了歸納與總結，在前人研究的基礎上對併購理論進行重新分類——價值創造效應理論、財富再分配理論、上市效應理論。其次，從利益相關者的視角分類評述併購產生的財富效應，並對以往研究中存在的缺陷進行了總結。最後，對併購財富效應的研究方法，即超常累計收益率、長期持有超常收益率、托賓Q值法進行了系統評述。

第2章，併購的特徵分析。在本章中通過對美國五次併購浪潮的梳理並進行統計分析，總結出美國併購活動受經濟發展程度、併購利益相關者的利益驅動及非經濟因素的影響；同時通過對2001—2009年併購事件的數據進行統計與分析得出併購活動一系列的特徵：併購時間分佈特徵、併購行業分佈特徵、併購前後主併公司經營業績與資產負債率特徵，以及併購交易比例和支付方式等交易特徵。

第3章，併購對股東的影響。本章中通過將2004—2007年4年間的併購事件作為研究樣本，分兩個階段，即2004—2005年熊市和2006—2007年牛市研究了上市公司作為主併方所發生的所有資產收購與股權收購事件：利用短期事件研究法超常累計收益率的統計檢驗併購對股東的短期財富效應的影響；利用會計指標法與托賓Q值法系統分析併購對股東的長期財富效應的影響；實證檢驗了長短期財富效應的關係及影響因素。

第4章，併購對債權人的影響。首先，對併購與債權人保護相關的制度背景進行了說明，從國有資產管理改革對企業資本結構的影響、企業債券市場的發展對企業債務結構的影響、金融改革與銀行業發展對企業貸款結構的影響、與債權人保護相關的法律四個方面，分析目前上市公司資本結構及其債權人面臨的風險與收益特徵；其次，在對相關文獻進行回顧的基礎上，從資本結構、債務期限結構、短期償債能力、按期付息能力和債權人收益等方面對併購的債權人財富效應進行了理論評述；最後，以2004—2007年中國A股市場上市公司為樣本，採用實證研究的方法，分析了併購對資產負債率、長期負債比率、短期借款比率、現金比率、流動比率、利息保障倍數和利息支出比率的影響，並發現併購在增加主併公司債權人風險的同時，降低了債權人的收益，併購導致了債權人負的財富效應。此外，筆者還對併購前後主併公司資金來源進行了實證分析，為主併公司資本結構和債務結構的變動原因提供了經驗證據。

第5章，併購對高管與員工的影響。本章在研究了併購對主併公司股東、債權人的財富效應的影響之後，進一步對主併公司的另一重要利益相關者——高管和員工的財富效應進行了研究。首先對薪酬及在職消費的概念進行了界

定，然後對併購對高管與員工的影響的相關理論，即管理層權力論、行為決策理論、管理主義理論進行總結與概括以及對相關文獻進行了回顧，最後以2004—2007年4年間併購事件為研究樣本，以高管的貨幣性薪酬、高管的在職消費、員工的貨幣性薪酬作為被解釋變量，實證研究了併購對高管與員工財富的影響。

第6章，併購對政府的影響。在前幾章的介紹中更多考慮的是併購行為影響個體經濟的利益，而本章更多關注的是社會效益，即併購是否增加財政收入，是否由於規模的擴大而增加就業人數，是否導致員工總體工資的增加。本章對併購的外部效應、併購的稅收籌劃與協同效應、支持與掏空理論的文獻進行了總結和回顧，然後以稅收、員工人數、員工工資總額作為被解釋變量，通過 Level 模型對併購前後3年的絕對額以及 Change 模型對併購前後3年的變動額進行實證檢驗，檢驗的最終結果從總體上支持了併購帶給政府及社會正的財富效應。

第7章，結論及政策建議。本章對課題的研究進行了回顧與總結，根據研究的結論從宏觀和微觀、企業外部治理與內部治理兩個方面提出了政策性建議。

本書的主要貢獻表現在以下三個方面。

第一，從利益相關者的視角，對併購經濟後果進行了系統研究。在現有的文獻中，研究者主要關注的是股東和高管的利益，主流的結論是併購使主併公司股東利益受損，而高管因併購而得利。企業作為多個契約的組合，與其利益休戚相關的不僅僅是股東和高管，還包括債權人、普通員工、政府等。本書使用利益相關者的理論，實證檢驗了併購對主併公司各類利益相關者的影響，並得出併購使高管和政府受益，而使流通股股東、債權人利益受損的結論。

第二，對上市公司併購特徵進行了完整闡述。研究中國轉軌經濟背景中的併購行為，不能簡單借鑑國外相關研究成果與結論，而應該充分瞭解中國的實際國情。本書運用統計分析的方法，完整地描述了中國上市公司併購特徵，對併購的時間分佈、行業分佈、主併公司業績與槓桿率、併購雙方關係、併購交易的特點、主併公司的企業性質等方面進行了梳理。

第三，使用財務指標完整度量了債權人的風險與收益，首次從實證角度闡述了併購對債權人利益的影響。具體表現在：併購交易與併購整合需要大量的資金支持，主併公司的融資渠道和融資方式如何，與未發生併購的公司是否有顯著差異，這是現有研究中的一個盲區，本書實證檢驗了主併公司併購前後7年的資金來源及其對資本結構和債務結構的影響，為主併公司債權人風險及收益變動提供了經驗解釋；債權人保護的實證研究在中國研究較少，並主要表現

於債務期限結構這一個角度。本書使用會計指標,從資本結構、債務結構、短期償債能力、付息能力、利息支付比率等方面,衡量債權人的風險與收益,並實證檢驗了主並公司的債權人財富效應;ST 公司因其自身的特殊性,在國內研究中一般將之剔除在樣本之外,這也造成對該類型公司特徵研究的薄弱。本書通過研究 ST 公司併購前後對資金來源和對債權人風險與收益的影響,一方面說明了 ST 公司債權人保護方面的特殊性,另一方面也為 ST 公司的研究成果進行了補充。

併購的經濟後果研究涉及經濟、管理、法律等多個領域,本書的研究僅是在財務領域對併購問題的一個研究。由於多方面的原因,本書難免有不甚嚴謹之處,懇切期望各位讀者批評指正。

關鍵詞:併購;利益相關者;財富效應

Abstract

Merger and acquisition (M&A) plays an important role in the rapid growth of China's economy. Regardless of the motives, it ultimately leads to the redistribution of social resources, and it has a significant impact on stakeholders. The first enterprise merger case in new China occurred in 1984, when Baoding Textile Machinery Manufacturer merged Baoding Knitting Instrument Manufacturer. M&A in China's capital market began with 「Bao Yan」event in 1993. During the past 10 years, M&A in western world began to shrink, owing to economic depression and weak stock market, on the contrary, China was going through the first wave of merger and acquisitions during the same period, presenting a blowout under favorable macroeconomic situation.

In the past decades, economists and financial experts have made extensive and in-depth research on listed companies, and obtained many achievements. All in all, their main concerns are motivation for merger activities and corresponding economic consequences. Using the event study methodology, the research on economic consequences is mainly M&A short-long term performance analysis in order to clarify how M&A influences share price. Therefore the core concern is the influence on shareholders'. Although research conclusions vary greatly, the mainstream's view is that M&A will cause damages to shareholders' interests, which is called 「merger mystery」.

In recent years, scholars began to pay increasingly attention to other stakeholders besides shareholders on corporate governance research. This PhD dissertation is inspired by this thought. M&A is a significant event for a company, which will not only affect shareholders' benefit, but also affect creditors, executives, ordinary employees and local government, as far as economic consequences is concerned that company's equity structure varies, the M&A influences on the controlling and medium-small shareholders are also different. In order to solve M&A mystery, we can not simply consider the M&A's influence on share price, instead we should do research systematically on each stakeholder. Only if companies pay close attention to the interests of all the stakeholders and make them balance, M&A market could develop healthily, and this is the topic on which the paper attempts to study and answer questions.

The article is divided into six chapters except introduction, with main contents and ideas being listed as follows:

Introduction part. This chapter introduces research backgrounds and significance. It puts forward the feasibility and necessity from the perspective of stakeholders on M&A; it also defines some important concepts related to M&A and analyzes the relationship between stakeholders and M&A. Finally the whole study idea, logic structure, research methods are given.

Chapter 1 is M&A theory and literature review, which summarizes M&A theory from two aspects: M&A motivation and M&A economic consequences. On the basis of previous studies of the M&A theory, the author reclassifies value creation effect theory, wealth redistribution theory, listed effect theory. Next the paper reviews M&A's wealth effect on stakeholder and summarizes the defects in the previous research. Finally it makes a systematic commentary on research methods used on M&A wealth effects.

Chapter 2: The analysis on M&A characteristics of listed companies

This chapter analyzes statistically five waves of merger and acquisitions occurred in U.S., and summarizes that American merger activities were influenced by the level of economic development, M&A interests of stakeholders and non-economic factors. At the same time, through studying statistical data of M&A deals from 2001 to 2009, the article figures out a series of M&A' features: characteristics of time distribution, industry distribution, operating performance and asset-liability ratio and acquisitions transaction, etc.

Chapter 3: M&A's influence on shareholders

This chapter selects some M&A deals from 2004 to 2007 as research samples which are divided into two phases, samples from 2004 to 2005 (bear market) and samples from 2006 to 2007 (bull market). The chapter investigates listed company which involve both asset purchase and share purchase, utilizing short-term event method CAR to test a short-term M&A effect of the shareholders' wealth, using the accounting index and Tobin Q to analyze the long-term M&A effect of the shareholders' wealth, and testing empirical relationship between the short-and long-term wealth effect and influencing factors.

Chapter 4: M&A's influence on creditors' influence

In this chapter, the author explains the background of M&A and creditor protection and analyzes current capital structure of listed companies and creditors facing risks and benefits, from four aspects: state-owned assets management reform affecting enterprises' capital structure, corporate bonds market development influencing enterprise debt structure, financial reform and development of enterprise influencing banking loan structure and the relevant law protection of the creditor. Secondly, after reviewing on the related literature, creditors wealth effect theory on M&A are commented from four aspects, capital structure, debt maturity structure, short-term debt paying ability, schedule of servicing capacity and creditors benefit. Finally, selecting China A-share listed companies during 2004-2007 as a sample, the paper adopts empirical method to analyze the M&A effects on assets-debt ratio, long-term debt ratio, short-term loan scale, cash ratio and liquidity ratio, interest safeguard multiples and interest expense ratio.

Besides, the author provides an evidence for corporate capital structure and debt structure changes cause by making a positive analysis on funding sources before and after M&A.

Chapter 5: M&A's influence on executives and staff

After studying the wealth effect of shareholders and the creditors and the chapter makes some additional research on another important stakeholder – executives and staff. Firstly the salary and on-the-job consumption concept are defined, then the related merger theory of executives and staff on management power theory, decision-making theory, management theory of socialist are summarized. Finally researching M&A deals from 2004 to 2007, the article empirically investigates the wealth effect of executives and staff by regarding the senior executives' monetary compensation, senior executives' duty consumption, staff's monetary compensation as explained variables.

Chapter 6: M&A's influence on government

In former chapters, the author shows much more consideration towards M&A activities that affect individual economic interests. This chapter pays more attention to the social efficiency-namely, whether M&A can increase fiscal revenue by improving tax, whether M&A can increase employment by expanding the scale, and whether M&A can increase wages by increasing employment. Firstly, the chapter summarizes and reviews the relevant literature about external effects on the tax planning and synergy effect, support and hollowed theory. Then the author identifies taxation, number of employees, employees total wages as explained variables, and makes an empirical test, by building the Level model and Change model. The results support generally that M&A will bring government and society favorable wealth effect.

The author thinks that the innovation of the paper is embodied in three aspects as follows:

Firstly, the article studies systematically M&A economic consequences from the view of stakeholders.

Secondly, M&A features of the listed companies are illustrated elaborately including time distribution, industry distribution, the company performance and leverage ratio, relationship between the two sides of M&A and the corporation properties.

Thirdly, the paper completely measures benefits and risks of the creditor using financial index, which discusses the M&A influence on creditors interests in an empirical view at the first time.

Because studies on M&A economic consequences involve many subjects such as economy, management and law, this paper only focuses on financial field, which means there may exist some non-rigorousness and mistakes. The author sincerely expects that all readers point out the flaws for correction if there is any.

Keywords: Mergers, Stakeholders, Economic Consequences

目　錄

0　導論／1
　0.1　研究背景及意義／1
　0.2　研究目的／2
　0.3　研究對象的界定／2
　　0.3.1　併購的理解／2
　　0.3.2　利益相關者的界定／4
　　0.3.3　併購財富效應的界定／4
　0.4　研究的基本思路和內容框架／5
　0.5　研究的基本方法／6
　0.6　預期創新／6

1　理論基礎與文獻述評／8
　1.1　併購理論回顧與總結／8
　　1.1.1　併購理論回顧／8
　　1.1.2　對併購理論的總結／11
　1.2　利益相關者理論／14
　　1.2.1　概念／14
　　1.2.2　利益相關者理論／16
　　1.2.3　併購與利益相關者／17

1.3 國內外併購的實證研究述評 / 19

1.3.1 國內外的實證研究結果 / 19
1.3.2 文獻評論 / 22

1.4 併購財富效應的研究方法 / 23

1.4.1 會計指標研究法 / 24
1.4.2 事件研究法 / 24
1.4.3 托賓 Q 值法 / 26

1.5 小結 / 26

2 併購的特徵分析 / 28

2.1 美國五次併購浪潮的回顧 / 28

2.1.1 五次併購浪潮簡介 / 28
2.1.2 美國五次併購浪潮的特徵分析與總結 / 30

2.2 中國企業併購特徵分析 / 32

2.2.1 併購事件的時間分佈特徵 / 33
2.2.2 併購公司的行業分佈特徵 / 38
2.2.3 併購公司的業績特徵 / 43
2.2.4 併購公司的槓桿率特徵 / 44
2.2.5 併購公司的其他特徵 / 45

2.3 小結 / 50

3 併購對股東的影響 / 52

3.1 研究樣本 / 52

3.2 併購公司股東的短期財富效應 / 53

3.2.1 主並公司短期的超常收益 / 53
3.2.2 主並公司短期 CAR 的統計檢驗 / 57

3.3 併購公司股東的長期財富效應 / 59

3.3.1　研究方法的選擇 / 59

　　3.3.2　托賓 Q 值與 ROE 的計算和調整 / 59

　　3.3.3　統計檢驗結果及分析 / 60

3.4　長短期財富效應的關係與影響因素分析 / 61

　　3.4.1　主並公司流通股股東長短期財富效應的關係 / 62

　　3.4.2　CAR 的影響因素分析 / 64

　　3.4.3　托賓 Q 值的影響因素分析 / 67

3.5　小結 / 69

4　併購對債權人的影響 / 71

4.1　制度背景分析 / 71

　　4.1.1　國有資產管理體制改革對企業資本結構的影響 / 71

　　4.1.2　企業債券市場對企業債務結構的影響 / 72

　　4.1.3　銀行業的發展對企業債務結構的影響 / 74

　　4.1.4　法律對債權人的保護 / 77

4.2　文獻回顧與理論分析 / 78

　　4.2.1　資本結構 / 79

　　4.2.2　債務期限結構 / 80

　　4.2.3　短期償債能力與按期付息的能力 / 81

　　4.2.4　債權人收益率 / 82

4.3　研究設計 / 82

　　4.3.1　研究變量 / 82

　　4.3.2　數據來源 / 85

4.4　實證研究 / 85

　　4.4.1　併購與資本結構的關係 / 85

　　4.4.2　併購與債務期限結構的關係 / 93

　　4.4.3　併購與短期償債能力的關係 / 98

4.4.4 併購與利息保障倍數的關係 / 100

4.4.5 併購與債權人收益率的關係 / 101

4.5 小結 / 103

5 併購對高管與員工的影響 / 104

5.1 文獻回顧與理論分析 / 104

5.1.1 薪酬、在職消費的概念 / 104

5.1.2 高管薪酬相關理論回顧 / 106

5.1.3 併購與薪酬的相關實證研究 / 107

5.2 併購對主並公司高管與員工的影響 / 109

5.2.1 研究變量 / 109

5.2.2 樣本的選取 / 111

5.2.3 模型設計 / 111

5.2.4 實證結果分析 / 112

5.3 小結 / 115

6 併購對政府的影響 / 116

6.1 文獻回顧與理論分析 / 116

6.1.1 併購的外部性效應含義及界定 / 116

6.1.2 併購稅收協同效應與稅收籌劃 / 117

6.1.3 支持與掏空理論 / 117

6.2 併購對政府影響分析 / 118

6.2.1 研究變量 / 118

6.2.2 樣本選取 / 120

6.2.3 模型設計 / 121

6.2.4 實證結果分析 / 121

6.3 小結 / 126

7 結論及政策建議 / 127

   7.1 主要結論 / 127

   7.2 政策建議 / 129

      7.2.1 微觀層面：優化公司治理 / 129

      7.2.2 宏觀層面：強化對外部投資者的保護 / 130

參考文獻 / 133

0　導　論

0.1　研究背景及意義

　　21世紀後，中國資本市場逐漸完善，企業之間併購行為越來越頻繁。企業通過併購使其競爭優勢得到有效發揮，從而實現自身快速穩定的發展。

　　併購是否創造企業價值或財富，併購中各利益者能否獲得相應收益，一直是經濟學界和財務界討論的熱點問題。國內外相關領域學者對併購進行了廣泛而深入的實證研究，不過這些研究大多集中併購的動機與經濟後果，以及併購活動對股東價值的影響，抑或是分析併購對主並公司價值還是目標公司價值的影響。他們的焦點主要聚集在股東層面，很大程度上忽略了對債權人財富及其他利益相關者的關注。對於併購的財富效應，從股東財富的角度是指上市公司併購引起股價上升和收益率提高所產生的效應。而從企業債權人財富的角度，相關研究甚少，主要原因在於不可交易的債權難以定價，因此我們研究的方向應該關注如何定義債權人的財富效應並引入定價方法，這也是本書需要解決的問題。當然對企業而言，併購產生稅收效應即企業通過併購及相應的財務處理可以達到合理避稅的目的，這也是企業併購收益的重要方面。併購帶來微觀效益的同時，是否也能帶來宏觀效益呢？

　　近年來學者們的研究逐漸從股東的視角轉移到其他利益相關者的視角。併購作為公司的重大事件，它不僅影響到股東的利益，而且影響到債權人、企業高管、普通員工和政府等多方面的利益；而且不同的公司股權結構存在差異，併購對控股股東和中小股東產生的影響也可能不一致。對於併購行為我們不能僅僅局限於某一個角度，而應該全面、系統研究它對每一個利益相關者的影響。只有平衡各利益相關者的合理利益，企業的併購行為才可能朝著健康而有效的方向發展。

0.2　研究目的

　　企業併購行為在當今社會中發生得越來越頻繁，地位也越來越重要，面對併購市場的發展，迫切需要深入研究中國資本市場併購行為。國內外研究併購行為的文獻較多，研究的結論主要集中於併購動因及併購後果，但這些理論往往具有片面性和局限性，大多限於股東和高管兩個層面，還沒有一個理論對日益突出的併購行為做出最優的、全面的解釋。筆者認為併購成功與否不能僅考慮股東或某一利益相關者，而應該考慮併購行為對所有利益相關者的影響。併購是利益相關者之間進行利益博弈，最終達到利益均衡的綜合性行為。本書主要從利益相關者的角度，選擇上市公司併購行為作為研究對象，在理論分析的基礎上，試圖通過現有的經驗數據進行實證檢驗，做出併購對各個利益相關者產生的財富效應的客觀評價和揭示，從而對中國企業的併購行為是否帶來價值創造、是否使財富在各利益相關者之間重新分配，以及是否存在深層次制度因素等，做出系統的解釋。本書研究目的是基於現有研究的不足，從利益相關者的全新視角對企業併購行為進行研究，對併購產生的財富效應做出合理解釋和客觀的評價，從而指引企業如何提高併購行為的效率及有關職能部門制定有效的監督和管理政策，給促進併購市場健康發展提供一定的參考。

0.3　研究對象的界定

0.3.1　併購的理解

　　在深入研究併購對各利益相關者的影響之前，首先要界定併購的內涵與外延，避免無效的爭論。在 Weston 等所著的《接管、重組與公司控制》（英文版，1999）和《兼併、重組與公司控制》（中文版，2003）兩書之中，全面總結了國外的併購理論與實證結果，同時提供了完整的企業併購框架體系（見表0-1），筆者將以此為基礎明確本書的研究對象。

表 0-1　公司併購重組框架

擴張 （expansion）	兼併與收購（M&A）
	要約收購（tender offer）
	聯營公司（joint venture）
售出 （sell-off）	分立（spin-off）
	子股換母股（split-off）
	完全析產分權（split-up）
	資產剝離（divestiture）
	股權切離（equity carve-outs）
公司控制 （corporate control）	溢價購回（premium buy-back）
	停滯協議（standstill agreement）
	反接管條款修訂（antitakeover amendment）
	代理權爭奪（proxy contest）
所有權結構變更 （changes in ownership structure）	交換發盤（exchange offer）
	股票回購（share repurchase）
	轉為非上市公司（going private）
	槓桿收購（leveraged buy-out）

　　從表 0-1 可以看出，Weston 等（1999，2003）的公司併購重組框架中所包含的內容極為豐富，有助於讀者瞭解併購的理論與實踐。但這是一種廣義的併購概念，在上述表格中列示的多種併購類型，也難免存在遺漏的可能性。當我們試圖研究某一類具體的併購事件的經濟後果時，廣義概念可能因研究者的關注點不同而產生不同的結論。

　　本書所採用的併購概念屬於狹義概念，類似於表中的「擴張」（expansion）。在中國對公司併購重組的分類中，一般包括了資產收購、股權轉讓、資產剝離、債務重組、資產置換、吸收合併和股份回購等。本書的研究對象主要是資產收購和股權轉讓，從業務類型上講是股權收購和資產收購。

　　明確了狹義併購的外延後，還需要明確的是併購的主體。從中國近十年來的併購活動來看，主要是上市公司併購非上市公司和非上市公司併購上市公司，而上市公司間的併購行為相對較少。本書研究的併購主體是上市公司，同時數據的主要來源是國泰安數據庫。因此，具體來說，本書研究對象是國泰安

數據庫中業務類型為「協議轉讓資產和協議轉讓股權」，同時上市公司在併購中處於買方地位。

0.3.2 利益相關者的界定

利益相關者的界定在學術界沒有一個統一的看法，它最初是從股東（stockholder）衍生出來的，最早可追溯到20世紀30年代。最早提出這個概念的經濟學家Andsoff，認為制訂理想的企業目標，需要綜合平衡企業的利益相關者之間的衝突的索取權，這些人包括股東、管理者、供應商及顧客等。另一學者Freeman給予廣義利益相關者一個經典定義，即企業利益相關者是指那些影響企業目標能否實現或被企業目標所影響的群體或個人。在這個定義中，他不僅將影響企業目標實現的個人或群體作為利益相關者，同時也把企業目標實現過程中，受企業所影響的個人或群體作為利益相關者。譬如：政府、環境保護等實體都被納入利益相關者的範疇。當然，Freeman界定的利益相關者，給研究和實際操作帶來了很大的局限性，無法得出令人滿意的結論。

國內學者賈華生（2002）[①] 等對利益相關者界定的研究具有代表性，他們認為「利益相關者是指在企業中進行了一定的專用性投資，並承擔了與投資相應的風險的個人和群體，其活動在一定程度上能夠影響該企業目標的實現，以及受到企業實現目標過程的影響」。這個概念不僅強調了專用性投資，也強調了利益相關者與企業之間的關聯性。

在大多數研究中，把對企業發展影響較大的，即對企業投入了較高的專用性的投資或資產，並在企業的經營活動過程中承擔了較大風險的，或直接影響企業目標實現，以及受目標實現所影響的個人或群體作為核心利益相關者。在本書中借鑑大多數研究對利益相關者的理解，將主並公司的股東、管理者及員工、債權人以及政府作為研究的主要利益相關者。

0.3.3 併購財富效應的界定

企業併購的本質是對一種產權交易，併購活動的發生，使資源重新進行配置。關於併購的財富效應沒有統一的解釋。針對本書研究的內容，我們認為企業併購的財富效應是指併購活動引致的交易雙方及相關的利益主體價值或財富發生的變化，包括財富創造效應和財富分配效應。作為流通股股東，市場對併購的反應導致股票價值的變化，從而引起主並企業及目標企業股東財富發生變

---

① 賈華生，陳宏輝. 利益相關者的界定方法述評 [J]. 外國經濟管理，2002，24（5）.

動，本書主要採用超常累計收益率、托賓Q值、淨資產收益率來衡量主並公司股東長短期財富的變動；作為企業債權人，併購也可能引起其財富發生變化，本書主要採用債權人承擔的風險和獲得的收益來估計；對企業高管和員工財富的增減，分別採用貨幣性薪酬和在職消費、平均工資來度量；對政府和社會產生的效應，主要採用稅收、工資總額以及就業人數來評價。

0.4 研究的基本思路和內容框架

本書從理論分析入手，對併購的相關理論進行梳理，並從經濟後果的角度將之歸結為價值創造效應、財富再分配效應和上市效應三類。通過對前人實證研究成果的借鑑，收集中國上市公司數據，建立統計模型，實證檢驗了併購對主並公司股東、債權人、高管、普通員工和政府的影響。

本書的基本研究思路如圖0-1所示。

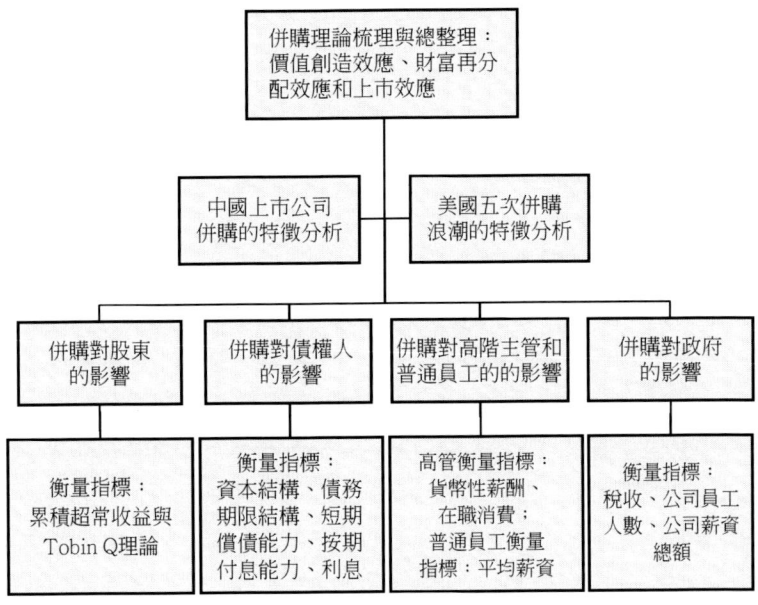

0-1 研究思路

0.5 研究的基本方法

基於本書的研究目的以及內容，採用了綜合比較法、演繹法與歸納法，規範研究與實證研究相結合、實證研究為主的方法。

（1）在本書併購特徵的研究中，通過對 2001—2009 年進行比較，以圖例列示以及表格對照的方法分析併購時間分佈、行業分佈以及業績狀況等特徵情況。在理論分析中比較中外併購研究的結論，綜合分析兩國理論研究的差異。

（2）本書採用演繹的方法從理論分析開始，以併購對利益相關者的影響為邏輯起點，逐步分析併購對股東、管理者和員工、債權人以及政府的影響後果以及影響因素，最後通過歸納總結得出相應的結論。

（3）本書採用的最重要的方法——實證研究法，通過收集 2001—2009 年深、滬兩市上市公司併購事件的數據作為樣本，利用事件研究法以及多元線性迴歸模型對併購給股東、管理者和員工、債權人以及政府帶來的財富效應及影響因素進行系統的實證分析。

0.6 預期創新

第一，將從利益相關者的視角，對併購經濟後果進行系統研究。在現有的文獻中，研究者大多關注併購對股東和高管的影響，並得出一致結論：併購使主並公司股東利益受損，而高管因併購而得利。企業作為多個契約的組合，契約的參與者不僅僅包括股東和高管，還應該包括債權人、普通員工、政府等。本書將使用利益相關者的理論，實證檢驗併購對主並公司各類相關者的影響。

第二，完整闡述上市公司併購特徵。本書將運用統計分析的方法，完整地描述了中國上市公司併購特徵，希望對併購的時間分佈、行業分佈、主並公司業績與槓桿率、併購雙方關係、併購交易的特點、主並公司的企業性質等方面進行系統梳理，並通過數據完整描述併購多方面的特徵，為本書及今後的研究提供環境支撐。

第三，將使用財務指標完整度量債權人的風險與收益，首次以實證角度從風險與收益兩個方面，闡述了併購對債權人的影響，為債權人保護提供實證經驗。國內多數實證研究將 ST 剔除在樣本之外，本書試圖針對 ST 公司的特殊

性，實證研究 ST 公司併購前後對資金來源和對債權人風險與收益的影響，進一步說明 ST 公司債權人保護方面的特殊性，同時希望為 ST 公司的研究成果做完整的補充。

1　理論基礎與文獻述評

企業併購是一個相當複雜的業務，其涉及企業的生產經營和財務等方方面面的情況，並對股東、債權人、管理者、員工、政府等利益相關者產生不同的經濟後果。在本書的第1章，將對併購理論進行回顧與重分類、對利益相關者理論及國內外的實證研究進行述評，並簡要地探討公司併購財富效應的研究方法。

1.1　併購理論回顧與總結

1.1.1　併購理論回顧

鑒於併購的複雜性，我們很難使用一兩種理論說明企業併購的動機與經濟後果，因此對併購相關理論的全面回顧是有必要的。美國學者威斯通等（1999，2003）在其著作中對兼併與要約收購理論提供了一個較為完整的分析框架；國內學者朱滔在其基礎上，結合中國特殊的市場背景對併購理論進行了重分類[1]；此外，國內學者柯昌文在其文章中，從併購經濟後果角度，以併購的財富效應為視角，對公司重組的財富效應進行了研究綜述。[2]

（1）在威斯通等人的研究中，兼併與要約收購理論分為七大類，即效率理論、信息與信號、代理問題與管理主義理論、自由現金流量假說、市場力量、稅收方面的考慮、再分配提高價值。對於效率理論，作者又進一步細分為差別管理效率、無效率的管理者、經營協同效應、純粹的多元化經營理論、戰略性重組已適應環境的變化、價值低估。在朱滔的研究中，併購理論被整合為四大類，即效率理論、代理理論、自大假說和誤定價理論。其中效率理論細分

---

[1] 朱滔. 上市公司併購的短期與長期績效研究 [M]. 北京：經濟科學出版社，2007.
[2] 柯昌文. 公司重組的債權人財富效應研究綜述 [J]. 價值工程，2009 (5).

為差別效率理論、無效率的管理者、經營協同、財務協同、稅收方面的考慮、市場勢力、戰略重組以適應環境的變化、有效的內部資本市場和再分配提高價值；代理理論細分為代理問題與管理主義理論、自由現金流量假說；誤定價理論細分為價值低估理論、市場誤定價理論和信息與信號理論。

可以看出，二者的對於併購理論的研究是大同小異的，差別主要表現於分類的方法。在此，筆者將不加分類地對併購理論的各個組成部分加以簡要的說明。

①差別效應理論。差別效應理論又稱管理協同效應理論，該理論認為假定主並公司管理層效率高於目標公司，那麼併購完成後，目標公司的管理水準將上升並接近於主並公司的水準，那麼整體效率將提升。而產生這一協同效應的原因在於高質量的管理往往需要集體的協作，管理資源無法通過解雇多餘的人力資本加以釋放，而通過併購擴張將使得剩餘的管理資源得以有效運用。

②無效率的管理者理論。該理論的觀點類似差別效應理論，只是著眼點在於併購目的是高效率的管理團隊去控制一個無效率的管理者所管理的企業或資產。若一國的控制權市場有效，則可通過代理權爭奪、購買股份和併購的方式完成對無效率管理者的替代，進而提高公司股價。

③經營協同效應。併購包括橫向併購、縱向併購和混合併購，而此三類併購行為均可產生經營協同效應。其中，橫向併購的效應源於規模經濟；縱向併購的效應源於威廉姆森所言的交易費用的減少和專用性投資的增加；而混合併購的效應則源於投資不足問題的緩解。

④財務協同效應。財務協同理論又稱純粹的多元化經營理論，該理論認為，當公司間的現金流不相關或不完全相關的前提下，併購通過主並公司與目標公司間的相互擔保效應，增加公司的負債能力，提升公司價值，增加股東財富。

⑤戰略性重組以適應環境的變化。該理論的理論基礎在於通過併購活動實現分散經營，而戰略規劃與公司的經營決策、內外部環境和顧客等息息相關，通過併購的戰略規劃實現規模經濟或挖掘出主並公司或目標公司的未被完全利用的管理潛能。

⑥誤定價理論。該理論包括價值低估和市場誤定價兩個相近的理論，其共同本質是併購行為釋放了關於主並公司或目標公司價值的相關信號，併購公告的發布將改變市場對公司價值的評估。該理論的理論基礎是信息經濟學，由於信息不對稱的存在，作為代理人的管理者所掌握的信息多於委託人，管理者可以找到市場上存在的價值被低估的目標公司和價值被高估的主並公司，通過不

同的支付方式，如現金支付或換股等方式，提高主並公司的價值。此外，朱滔還認為，中國的併購行為主要是上市公司收購非上市公司，而支付方式以現金支付為主，成交價格以淨資產價值為基礎制定，從而存在主並公司低價收購目標公司的普遍現象，因此中國上市公司併購的短期超常累計收益顯著為正。①

⑦信息與信號理論。該理論實質上是信息經濟學在併購理論中的一個應用而已，並經常與誤定價理論的觀點相符合。信息不對稱的普遍存在，使相互發生關係的人們之間，一部分人掌握的信息多，另一部分人掌握的信息少，那麼信息少的人稱為委託人，信息多的人稱為代理人。以兩權分離為特徵的公司制企業，作為內部人的管理層就是所謂的代理人，擁有比外部人更多的信息，企業在發生併購行為時，會產生新的信息並通過各種方式對外傳遞，股票的價值將被重新評估。如果併購行為被市場認可，則股價上漲。

⑧代理問題與管理主義理論。1976 年 Jesen 和 Meckling 提出了著名的代理理論，並稱為財務學中的重要組成部分，應用到併購中，與管理主義理論相融合，認為作為代理人的管理層追求自身利益最大化，反應在其管理活動中，則追求公司規模最大化，而非公司價值最大化，併購就是一種典型的代表，併購將對股東產生不利影響。

⑨自由現金流量假說。1986 年 Jesen 提出了著名的自由現金流量假說，該理論認為當公司擁有了較多的自由現金流時，不是將之以現金紅利的形式分配給股東，而是投資於淨現值非正的項目，擴大公司規模，提升管理層的貨幣與非貨幣性收益；而併購就是一種典型的耗用自由現金流量的行為。可以看出，自由現金流量假說實質上是代理理論的一個推演罷了。

⑩市場勢力。這一觀點主要適用於橫向併購，通過擴大市場佔有率，增強公司在所在行業的控制力，減少競爭，降低經營風險，提升公司價值。

⑪稅收方面的考慮。這實質上是一種稅收籌劃的問題，當盈利高的公司兼併虧損的目標公司，或者虧損的公司兼併盈利高的目標公司，利潤流的合併，將減少合併後公司的所得稅稅負，增加公司價值。

⑫再分配理論。該理論認為併購可能會引起利益相關者之間的財富重分配，若能將債權人的利益或者一般員工的利益轉移到股東身上，那麼公司股東則會傾向於讚成此種併購活動。此外，上面所談的稅收方面的考慮，實質上也

---

① 對於朱滔的觀點，筆者並不完全同意。在後文的實證研究中，筆者發現非上市公司作為主並公司對上市公司採取併購行為的樣本數量並不少於上市公司收購非上市公司。此外，以淨資產帳面價值作為交易價格的基礎，的確是普遍現象，但以此就可以得出主並公司以此獲益的結論的觀點，筆者並不認同。

是將政府的利益向股東的一種轉移，也可以認為是一種再分配的併購行為。

⑬內部資本市場理論。該理論可以認為是使用制度經濟學的觀點對財務協同效應理論的一種重新表述，其代表人物是著名的產權經濟學創始人阿爾奇安（1969）和威廉姆森（1975）。如威廉姆森在其著作《資本主義經濟制度》中指出，由於信息不對稱、資產專用性和交易費用的存在，企業內部的資源配置效率可能優於外部資本市場。各種併購活動擴大了企業規模，組建規模龐大的企業集團，集團管理層利用比外部人更多的信息優勢，將資金通過內部資本市場從盈利差的部門向盈利高的部門轉移，解決投資不足問題並提高了公司價值。當市場預計到此種好處，則併購公告將引起股價的上升。

（2）在柯昌文的研究中，著眼點是公司重組的經濟後果，並將這一後果劃分為三種效應，即價值創造效應、財富再分配效應和信號效應，並認為公司重組的財富效應是三種效應的淨效應。① 由於信號效應在前文已經說明，在此主要介紹前兩類。

①價值創造效應。將資源配置到具有更高價值的用途之上，是公司重組的主要動機，而重組的經濟後果有正效應與負效應兩種，債務的稅收利益是正效應的一種代表，而預期破產和重組成本是負效應的一種代表。

②財富再分配效應。即使重組並不創造價值，但公司的總價值可能會因為重組而在股東、債權人、管理者等各種利益相關者之間重新分配。非相關的多元化混合併購將降低公司的特有風險，減少管理者人力資本的不確定性，同時由於集團內各公司的共同擔保作用，減少了債權人的風險，而此時股東利益可能受損，這是一種股東利益向債權人和管理層的轉移過程。在公司為併購而舉借債務的過程中，可能發生資產替換和投資不足的問題，這是一種債權人利益向股東轉移的過程。

1.1.2　對併購理論的總結

通過上面的介紹可以看出，以上三人的論述各有特點，但都存在著缺陷。

（1）威斯通等的研究，雖然較為詳盡，但由於採用的是廣義的併購概念，理論介紹均為在未區分主併公司與目標公司的前提下泛泛而談，從而略顯雜亂，同時部分理論是鑒於美國的國情提出的觀點，並不一定適合中國的情況。而朱滔的研究雖然適當考慮了中國的現實，從狹義併購的視角對威斯通等較為

---

① 應該指出，在柯昌文的文章中，其認為三種效應是針對債權人而言的。從整體分析而言，筆者認為，這三種效應實則是公司重組的經濟後果，影響的是公司所有的利益相關者。

雜亂的理論綜述進行了一定的歸類，但未對併購的動機與經濟後果進行區分，使之仍有雜亂之感，同時也無法準確區分併購到底是創造了價值還是毀滅了價值。

（2）威斯通等和朱滔的研究，其理論研究的出發點，實質是股東財富最大化問題，並未考慮其他利益相關者的利益。這種資本至上主義的觀點，已經不再完全適合當今的主流思想，無法實現企業的可持續發展。

（3）柯昌文的研究，是利益相關者理論應用於併購重組理論的一個代表。當然其缺陷也是明顯的，一者其重點關注的是公司重組對債權人的影響，因此未能從全部的利益相關者角度考慮問題；二者重組類型較多，不同的重組可能經濟後果迥異，無法使讀者得出較為一致的結論；三者其對公司重組的效應分類略顯粗糙，無法完整表述併購重組的經濟後果。

鑒於以上的分析，筆者採用緒論中談及的狹義併購觀點，以利益相關者理論為出發點，從主併公司經濟後果的角度，對併購理論進行重分類。

本書認為，公司是多方契約的組合，其經營行為與治理行為關係到多方面的利益，我們不能僅從股東的角度考慮問題。公司內部所有行動，可以形象地比喻為「籌集材料」→做大「蛋糕」→分配「蛋糕」的過程，那麼併購的經濟後果，實則一種財富效應，併購理論則可以分為價值創造效應理論、財富再分配效應理論、上市效應理論三個部分。

（1）價值創造效應。這是企業做大「蛋糕」的過程，從公司總體而言，是一種正的財富效應。主併公司通過籌集資金，收購目標公司的資產或股權，將其資產配置到更高價值的用途之上，那麼併購就會產生價值創造效應，這同時也是併購倡導者推崇併購的重要依據。具體分析，可以借鑑威斯通等的研究結論，筆者認為價值創造效應包括了經營協同效應、財務協同效應、差別效應理論、戰略重組、有效的內部資本市場、市場勢力等。

（2）財富再分配效應。不論併購能否使公司財富這塊「蛋糕」變大，但在「蛋糕」分配中，由於契約各方勢力的此消彼長、談判地位與技巧的變化、信息的不對稱，一方所得的增加經常會帶來另一方或另幾方的所得的減少。這便是併購的財富再分配效應。

併購的財富再分配效應，我們首先可以從代理理論的角度來分析。信息的非對稱分佈，在現代公司制企業中，內部人與外部人之間可能產生較為嚴重的代理問題，針對不同國家的實際情況、不同公司的特點，主要表現為三個方面：一是管理層與股東間的代理問題，二是大股東與中小股東間的代理問題，三是股東與債權人間的代理問題。

管理層與股東之間的代理問題更多存在於海洋法系的美英等國的大型上市公司，由於股權高度分散，形成「強管理者與弱所有者」的局面，大股東的缺失使管理層成為唯一的內部人。此時的代理問題主要表現為投資過度，Jesen 的自由現金流量假說就是一種重要的表現。當公司缺少好的投資機會之時，盈利公司可能產生大量的自由現金流。通過派現的形式，可以將此現金流釋放，從而有利於股東。但如果投資於微利甚至虧損項目，卻可以擴大上市公司的規模，有利於管理層。併購就是一種耗用自由現金流的重要途徑，這便是股權高度分散公司中的併購財富從股東向管理層轉移的一個過程。①

　　大股東與中小股東之間的代理問題更多存在於大陸法系的國家，如中國、德國、法國、日本等。大陸法系國家的上市公司多由控股大股東掌控，其管理層多體現大股東的意志，此時管理層與股東的代理問題弱化，而以控股大股東為主體成為公司的內部人，其與中小股東間的代理問題成為公司的主要矛盾，加之大陸法系的成文法較難抑制大股東對中小股東的侵害行為，從而可能加劇這種代理問題。在中國，國有上市公司占大多數，政府出於非經濟利益的考慮，在併購活動中可能做出維護或侵害上市公司的決策，加劇了大小股東間的代理問題，這在地方國企中可能更為明顯。②

　　股東與債權人之間的代理問題，在不同法系國家都可能存在，主要表現為資產替換和投資不足的問題。③ 投資不足問題，多出現於槓桿比率很高的公司，其股東從自身利益考慮，可能放棄淨現值為正的投資項目，由於併購是一種對外投資行為，此種代理問題在併購中可以忽略。資產替換是指取得借款後投資於風險更高的項目，上市公司成為一種歐式的買入期權，從而損害了債權人的利益。④ 併購是一種運作複雜、風險較高的企業活動，併購前需要巨額的

---

① 公司規模的擴大，不僅可能有利於管理層，對於普通員工而言，也可能帶來好處，如穩定的工資收入、靈活的工作空間等。當然，不同國家、不同公司的併購行為對員工的影響可能不同，筆者將在第 5 章使用實證研究方法探討中國上市公司併購對員工的影響。

② 地方政府出於政治目的的考慮，在併購中採取「拉郎配」的做法，掏空或扶持地方上市公司，在很多文章中都有所提及，在現實中也是存在的。但是，上市公司控股股東的不同性質是否產生不同的經濟後果，筆者將在本文第 3~6 章中實證分析。

③ 在大陸法系國家，控股股東掌控了公司的重大決策，管理層執行大股東的意志，傾向於侵害債權人利益是毋庸置疑的；但是，在海洋法系國家，管理層能否完全站在股東的層面考慮問題，並實現從債權人向股東的財富轉移，或許要考慮更多的制約因素，具體問題具體分析。

④ 這是一種運用期權解釋抵押貸款的理論。若上市公司股東以總資產為抵押舉借債務 L 元，總資產價值 S_t 隨公司營運狀況而變動，債務到期日或到期前，若 $S_t > L$，則歸還貸款，否則股東放棄公司卸除債務。由此，此種協議便給了股東一種隱含的買入期權，由於期權的價值與標的物的波動性正相關，那麼借款後投資高風險項目將增加股東的買入期權價值，而與之相對應，債權人利益受損。

資金購買目標公司的資產或股權，併購後的整合活動亦需要大量的資金支持，若資金的籌集部分源於債權人的借款，那麼這種代理問題極易發生。筆者將在本書第 4 章重點討論這一問題。

由於公司的利益相關者不僅限於股東、債權人和管理層，代理理論並不能解釋所有的與併購相關的財富再分配效應。最為典型的就是前文談及的基於稅收籌劃考慮的併購問題，通過虧損公司併購盈利企業或盈利公司併購虧損企業，利潤流的合併減少了併購後公司的所得稅稅負，實現了財富從政府向股東的轉移。

（3）上市效應。狹義的併購是主並公司購買目標公司資產或股權的行為，因此交易價格的確定將影響到主並公司財富的增減。國外上市公司的併購事件，從短期股價的波動來看，多數的結論認為收購非上市公司會給主並公司股東帶來顯著的財富增加，而收購上市公司則帶來相反的結果。究其緣由，一般認為收購非上市公司存在非流動性折價問題，而收購上市公司經常存在過度支付問題，前者主要源於非上市目標公司的市場價格的缺失和流動性的低下，而後者則可能源於管理者的自大行為以及市場的炒作行為。[①]

目前併購理論主要是從股東或者少數利益主體考察的，而大多利益相關者的分析也主要局限於代理問題的解釋，而不是從相關者利益均衡方面考慮的。任何一個企業的發展都離不開各類利益相關者的參與，如股東、債權人、雇員、管理者等。企業作為「一種治理與管理專業化投資的制度安排」（Blair, 1995），它應該要為各類利益相關者服務，股東僅僅只是其中之一罷了。基於此，接下來將對利益相關者的理論做必要介紹。

1.2　利益相關者理論

1.2.1　概念

對於利益相關者的理解學術界一直沒有一致的界定，至今有十多種觀點。美國弗吉尼亞大學學者弗里曼認為企業利益相關者是指影響企業目標實現或者被目標實現所影響的群體或個人。這種影響不僅可能是單向的，也有可能是雙

[①]　應該指出，上市效應理論在中國的實用性並不顯著，縱觀中國的上市公司的併購事件，主要是上市公司併購非上市公司，或者非上市公司併購上市公司，而上市公司間的併購發生頻率較低。當然，隨著中國資本市場的完善和控制權市場的建立，上市效應理論必將有其用武之地。

向的。Clarkson（1994）①把利益相關者的範圍縮小為在企業中投入相關的實物資產、財務資本、人力資本或者其他一些有價值的物資，並由此而承擔了某些風險；換言之，企業活動使他們承受了風險。這一定義強調了專用性資產，而將其他無關利益者排除在其界定之外。他還將利益相關者根據其在企業經營過程中承擔風險的差異進行了分類，分為主觀利益相關者與被動利益相關者。前者包含向企業投入了專用性人力資本或者非人力資本而承擔相應風險的個體或群體；後者則是企業的行為導致承受風險的個體或群體。主動利益相關者實際上是利益相關者狹義上的界定，這實際上是將對企業具有合法要求權的利益相關者與其他利益相關者區分開來。

米歇爾（1997）在考察了多種的利益相關者定義後認為，企業的利益相關者應該具備三個條件：一是影響力，即某一群體或個體是否具有影響企業決策的能力以及相應的手段；二是合法性，即某一群體或個體是否賦有法律和道義上對企業的索取權；三是緊迫性，即某一群體或個體的要求能否迅速引起企業管理者的關注。這三個特徵的相互組合產生不同類型的利益相關者。這一界定對利益相關者進行細分有著十分重要的意義。他把利益相關者劃分為三大類：①所有能影響企業活動以及被企業活動所影響的個人或群體，包括股東、管理者及職工、債權人、供應商、政府、消費者、相關的社會組織及社會成員等；②與企業有著直接關係的個人或群體，剔除了政府、社會組織和社會成員等；③在企業中直接投入了專用性資產，包括人力資本或非人力資本的個人或群體。

學者們對利益相關者的理解可概括為三類：第一類是比較寬泛的定義，凡是影響企業活動以及被企業活動所影響的個體或群體都是利益相關者。這一類包括股東、管理者及員工、債權人、政府部門、供應商、消費者、相關的社會團體，甚至受影響的周邊的社區等。第二類定義範疇要稍窄些，凡是與企業有直接關係的個體或群體才是利益相關者。這類定義排除了政府部門、社會團體、周邊社區等。第三類定義最窄，只有在企業中下了「賭註」的個體或群體才能算利益相關者。第三類定義與經濟學的「資產專用性」含義相類似，即只有在企業經營活動中投入了專用性資產的個體或群體才是利益相關者。筆者認為，在理解對利益相關者的定義時，需要把握好利益相關者之間的內在聯繫，以及其運用的具體背景。

---

① 克拉克森（Clarkson，1994）多倫多大學法律學院企業社會債效與倫理研究中心1993—1998年組織的四次學術會議（Clarkson Centre for Business Ethics，CCBE）。

1.2.2 利益相關者理論

20世紀60年代初,「利益相關者」由斯坦福研究學院(Stanford Research Institute)的學者們首次命名並給出明確定義,後來經過美國弗吉尼亞大學教授Freeman等眾多學者的努力下,在1984年Freeman出版的《戰略管理:利益相關者管理的分析方法》一書中正式提出利益相關者管理理論。他認為利益相關者理論是指企業的經營管理者為平衡各利益相關者的利益而進行的綜合管理活動。與傳統的股東至上主義相比較,該理論是對股東利益最大化的股東至上主義的一種挑戰。該理論認為任何一個企業的發展都離不開利益相關者的參與或投入,企業應該追求利益相關者的整體利益,而不只考慮某一或某幾個主體的利益。該理論經過多年的研究與發展,得到了眾多學科學者們的關注,在很多領域,譬如:經濟學、管理學、財務學和社會學等學科中運用與發展,並在理論和實證研究中起了重大作用。

企業利益相關者理論在學術界存在很大的分歧。有學者認為企業的唯一目標就是為股東謀取最大利益,而且唯一的社會責任只是增加盈利(Friedman, 1962, 1970)[1],而不包含其他;另有學者認為讓企業承擔社會責任是非常「危險的」,可能導致「資源的浪費」另有學者認為讓企業承擔社會責任是一種「危險」行為可能會給企業帶來資源的損失或浪費。此外,Hart(1995)[2]和Sternberg(2003)[3]認為企業作為以盈利為動機的機構,唯一的職責就是保護股東的權益。甚至有學者認為,利益相關者更多地考慮一種政治立場,而不是管理上的治理理論。「利益相關者理論是對實踐中的經濟效率與社會公平之間矛盾的挑戰」(Gavin Kelly et al., 1997)。

經濟學家蒂爾(Dill, 1975)曾這樣表述利益相關者理論的影響:「原本認為利益相關者的觀點僅僅會作為外部因素影響企業的戰略決策以及管理過程……但現在的變化正從利益相關者的影響(stakeholder influence)轉變為利益相關者的參與(stakeholder participation)。」美、英、日、德、歐共體發達國家與地區以及一些發展中國家已在立法和判例上涉及利益相關者問題(Donaldson, 1995)。而中國《上市公司治理準則》第6章第81條中「利益相

---

[1] 弗里德曼.資本主義與自由[M].芝加哥:芝加哥大學出版社,1962.
[2] HART, OLIVER. Firms, contracts, and financial structure [M]. Oxford: Oxford University Press, 1995.
[3] STEMBERG S P K, CLAUSSEN. Lead and nickel removal using microspora and lemna minor [J]. Bioresourse technology, 2003 (8) 41-48.

關者」的規定：「上市公司應尊重除股東以外的債權人、員工、供應商、消費者、相關組織等各利益相關者的合法權利。」這一條例說明利益相關者理論逐漸受到理論界和實務界的重視與認可。

　　Blair（1995）是利益相關者理論的典型代表。她認為企業活動應該為各種利益相關者服務，而不僅僅是為股東的利益最大化服務。治理制度和契約安排應該被設計用作分配控制權，回饋給那些為企業做了投資的利益相關者。國內學者楊瑞龍等（1997，1998）[①]也認為，合理的公司治理結構應該是所有利益相關者都擁有控制權或剩餘索取權，而僅僅把企業的目標視為「股東利益最大化」是不合理的，企業的生存與可持續發展離不開所有利益相關者的合作，因此須平等地對待每一個利益相關者的產權權益。

　　1999年，美國賓夕法尼亞大學沃頓學院學者托馬斯‧唐納等（Thomas et al.）提出了企業決策應該考慮利益相關者的利益：第一，確定企業決策所涉及的所有利益相關者的範疇；第二，確定企業決策所涉與利益相關者是否存在利害關係；第三，評價這些利害關係的合法性；第四，對有衝突的利益相關者的利益要求排出先後順序；第五，對具有優先權的利害關係做出相應回應，選定策略；第六，按照企業管理的觀點對做出選擇的可行性進行評估；第七，根據評估結果做出最後的決策。

1.2.3　併購與利益相關者

　　在企業併購活動中如何實現利益相關者之間的利益均衡，是本書研究的主要出發點。國外學者（Jensen et al., 1972）認為公司治理的作用包括兩層含義：其一，調節股東與經理層的關係以及大股東與中小股東的關係；其二，調節股東和其他利益相關者的作用，譬如債權人利益的保護、社會各方面利益的保護等。併購活動引起的企業控制權轉移，作為公司治理的重要一部分，將直接或間接地影響到企業利益相關者的利益。

　　在企業利益相關者的視角下，企業併購行為的選擇，會對他們造成不同的影響。對於併購中影響最大的股東來說，他們更看重併購帶來的企業效率的進一步提高、市場控制能力的增強和是否具有的控制權收益；對於管理層來說，則更關注業績提升、薪酬提高以及控制權收益；債權人反而更關心併購能否增強企業債務保障程度；而政府大多關注併購是否給當地經濟帶來正面效應。

[①] 楊瑞龍. 一個關於企業所有權安排的規範性分析框架及理論含義［J］. 經濟研究, 1997, （1）：12-22.

股東希望通過併購行為將其他公司的優質資源進行整合，從而實現效率提高以及資源優化配置。併購的經濟效率主要通過降低交易費用、獲取協同效應以及取得價值低估的溢價等多方面實現。通過併購行為，企業有可能在經營能力以及聲譽上得到提升，形成規模效應，從而可以獲得更大的市場控制力。對於控股股東而言，利用控制權獲取私有收益已不鮮見，利益最大化是他們實施併購行為的源源動力。

管理層的收益一般包括兩部分：與業績掛勾的薪酬收益以及控制權的職位收益。企業通過對外併購，獲得經營管理效率的提升、擴大對市場的控制力等，這樣就有可能提高企業的收益。而管理層的收益和企業經營活動密切不可分，業績或收益的增加，勢必也會使管理層的收益得到改善。另外，管理層支持併購行為還可以得到控制權收益，如在職消費等。隨著併購的實施導致企業規模不斷得到擴大，他們可以擁有更大的權力以及更多的可控資源。

對於債權人而言，他們的主要目標是能夠按期收回債務，並得到相應利息收益。併購前的債務水準往往與併購後的債務水準是不一樣的。併購後的資源整合，需要更多的資金來實現，這離不開外部資金的支持。理性的企業，會根據承受能力選擇合適的負債水準。而債權人也是理性的，他們通過對併購後企業的實際狀況做出判斷，考慮是收回債權還是繼續保持或增加債權。實行槓桿收購的企業，通過大肆舉債實施收購這本身就可以視為併購後的企業有能力獲得超過債務成本收益的一個信號。

前文主要論述了併購對不同利益相關者的影響，在此對不同利益相關者的併購動機或是期望進行簡單歸納。作為股東的併購動機主要有：①從持續的協同效應，如高效管理代替低效管理，降低交易費用等獲取長期收益；②獲得股價波動帶來的資本利得或價值低估溢價等；③股權集中的企業中控股股東通過併購擴大規模以實現控制權收益。

針對管理層來講：①擴大規模，意圖提高管理層報酬。股權高度分散的企業，併購可能導致進一步的「內部人控制」，社會聲望提高的同時，也實現控制權收益。②大多數管理層支持多元化併購，降低風險。他們為了消除被其他企業併購的威脅，往往傾向通過併購擴大企業的規模，減少其被併購的可能性，避免被他人接管。③通過擴大規模，提高企業對現任管理層的依賴。企業通過併購進入相關的行業，可以充分利用管理層過剩的行業專屬管理經驗對併購後的企業資源重新整合，促進企業成長、發展，同時個人的能力隨企業發展而提升，增加企業對其依賴程度。

併購主要是決策者的行為，對於債權人來講，他們不存在併購的動機，更

多的是一種期望：從併購中獲得共同擔保效應，從而降低債權人風險，提升債權價值。而企業員工，他們所期望的是企業在提升效率和業績的同時，能增加其貨幣性薪酬；或者在併購後新的企業環境下，能獲得更多自我展示或價值提升的機會。

1.3　國內外併購的實證研究述評

規範研究的結論需要實證檢驗加以支持或修正。在併購的實證研究方面，國外學者的研究成果可謂汗牛充棟，20世紀90年代後的20年，隨著中國股市的建立與發展，上市公司併購事件逐漸呈井噴之勢，近年來國內學者也對之進行了大量的研究。

1.3.1　國內外的實證研究結果

在併購的經濟後果方面，主要是研究其短期與長期績效，其中事件研究法是主流，因此可以認為研究重點是併購的股東財富效應。[①] 但由於研究對象、研究方法、樣本選取等方面的原因，結果迥異，形成三類不同的觀點，即併購的超常收益顯著為正、顯著為負、不顯著。相對而言，併購對其他利益相關者影響的相關研究要少很多。

1.3.1.1　併購對股東的影響

從研究方法來看，主要包括了會計指標研究法、托賓 Q 值法和事件研究法，並以後者為主流。從研究時期的長短看，分為短期研究法與長期研究法。從研究角度而言，國外研究經常採用聯合檢驗主並公司與目標公司長短期績效的方式對併購的股東財富效應進行檢驗。由於國內上市公司間的併購行為相對較少，在目前可得的文獻中，只有李善民（2004）一例，其結論為主並公司業績逐年下降，而目標公司業績逐年上升，整體而言，併購並未對股東帶來利益，但由於樣本僅為40件，其結論的有效性仍值得商榷。[②] 下面我們將從併購對主並公司股東的財富效應的角度分類梳理相關的實證研究。

---

① 事件研究法，不論是短期的 CAR 法還是長期的 BHAR 法，其計算的均為股價的超常累積收益，因此所謂的績效研究實則是研究併購對股東，或者更準確地說是對中小股東財富的影響。
② 在很多文章的綜述中都提及了張新（2003）在《經濟研究》上發表的《併購重組是否創造價值？》一文，認為是對主並公司與目標公司的聯合檢驗，其實該文中只是將上市公司分類為主並公司和收購公司分別檢驗，而且在文章中的分類方法很值得商榷。

（1）併購對股東產生正的財富效應。Healy 等（1992）以經營活動現金流量作為分析指標，研究了 1979—1984 年 6 年間美國 50 個最大的併購案例，發現經年度行業調整後的公司資產回報率明顯提高。Faccio 等（2002）研究發現，在以非上市公司為目標公司的樣本事件之中，主並公司都可以獲得顯著為正的超常累計收益。

國內學者李善民等（2002）採用事件研究法，對 1999 年和 2000 年兩年中國滬深兩市 349 起併購事件研究發現，併購給收購公司的股東帶來顯著的收益，而目標公司股東收益甚微。朱滔（2007）對 1998—2003 年 6 年間的 1,672 起併購事件的研究中，發現併購對主並公司股票的超常累計收益顯著為正，而且不論在併購前後 1 天、10 天、20 天、40 天還是 60 天內，CAR（cumulative average abnormal return，超常累計收益）的均值與中位數都顯著為正。①

（2）併購對股東產生負的財富效應。Gregory（1993）研究了 1984—1992 年 9 年間發生於英國的 452 起併購事件，發現多元化併購在公告日後 2 年內平均超常累積收益顯著為負（-11.33%），而同行業併購在相同時間窗口內超常累積收益率為 -3.48%，兩者差異顯著。Ravenscraft 等（1987）考察了 1950—1977 年 28 年間的 471 家收購公司。由於研究中使用了聯邦交易委員會維護的特別行業數據庫，使其在對照組的選取上自由度更大，並能夠更好地評估資產價值與會計方法選擇對結果的影響。其結論是主並公司的盈利水準要顯著低於對照企業 1~2 個百分點。

國內學者朱滔（2007）分別採用托賓 Q 值和 BHAR（buy-and-hold abnormal return，長期持有超常收益）方法研究了 1998—2003 年 1,672 起併購事件的長期績效，發現併購當年到併購後 3 年的經年度調整的托賓 Q 值的中位數與均值均為負，但大多不顯著，而併購後 12 個月、24 個月和 36 個月的 BHAR 顯著為負，從而得出結論併購從長期而言對股東產生不利影響。呼建光（2009）② 使用 1998—2004 年的 1,543 起併購事件的統計數據，計算 BHAR 得出了與朱滔完全一致的結果。

（3）併購對股東不產生財富效應。Jensen 和 Ruback（1983）總結了 1977—1983 年 13 篇關於併購的短期股價表現的研究文獻，得出的結論是：目標公司股東在併購事件中獲得顯著為正的超常收益（15%~30%），而收購方股東則不能獲得正的超常收益。Bruner（2002）總結了 1971—2001 年西方關

---

① 對於朱滔的結論，在本文第 3 章中，筆者採用基本完全一致的研究方法，得出了與之並不完全相同的結論。這在第 3 章會詳細討論。

② 呼建光. 中國上市公司併購長期市場績效的實證上研究 [D]. 長春：吉林大學，2009.

於併購的 130 餘篇併購文獻，同樣發現主並公司的收益並不明顯，並傾向於為負，而目標公司獲得了 10%~30%的超常累計收益。

國內學者陳信元等（1999）① 研究了 1997 年市場對上市公司不同併購重組類型公告的反應，得出結論：兼併收購類公司在 [-10, 20] 的短窗口內並無顯著的非正常回報，即狹義併購不影響股東的利益。餘光等（2000）② 計算了 1993—1995 年 3 年上市公司併購事件在 [-10, 10]、[-5, 5]、[-1, 1] 三個短窗口內的 CAR，並得出結論：主並公司的價值未顯著提高，基本維持不變。呂長江等（2007）以 2000—2002 年的上市公司為樣本，運用會計指標與 BHAR 模型分析了發生控制權轉移的上市公司在併購後的長期財務績效與長期市場績效，研究表明，在控制權轉移後，公司的績效都未得到提高。

1.3.1.2 併購對債權人的影響

相對於併購的股東財富效應的豐碩研究成果，對於債權人的研究屈指可數。針對狹義併購的債權人財富效應，國外實證文獻主要以美國公司債市場數據為基礎進行事件研究，但並未達成一致的研究結論。

Eger（1983）以 1958—1980 年間 33 例美國換股併購為樣本，以 [-30, 0] 為事件窗口，發現主並公司債權人獲得顯著為正的超常收益。Walker（1994）以 1980—1988 年美國 92 起併購事件為樣本，發現主並公司債權人的超常收益為正，但並不顯著。Billett 等（2004）以 1979—1997 年間 831 例美國上市公司併購事件為樣本，以 [-30, 0] 為事件窗口，得出主並公司債權人的超常收益顯著為負。

國內此類的實證研究基本是空白，可以查閱的文獻基本是從法律層面的規範研究，僅有柯昌文 2009 年發表了一篇《公司重組的債權人財富效應研究綜述》，也未進行相關的實證分析。

1.3.1.3 併購對公司高管的影響

併購對主並公司高管人員的影響的相關文獻雖然不多，但是其結論基本一致，即高管從併購活動中得益。

Grinstein 等（2004）運用美國上市公司樣本，發現具有較高管理者權力的總經理具有極為強烈的動機完成併購並取得高額獎金，雖然有效的資本市場可以預計到此類動機引致股價下跌，但總經理的獎金並不會因此而下降。Harford

---

① 陳信元，朱紅軍. 中國上市公司合併會計報表編製現狀分析 [J]. 會計研究，1999（8）：23-30.

② 餘光，楊榮. 企業併購股價效應的理論分析和實證研究 [J]. 當代財經. 2000（7）：70-74.

等（2007）實證發現，上市公司 CEO（首席執行官）的薪酬相對併購後的業績具有黏性特徵，即併購後業績提升薪酬上升，業績下降薪酬卻不隨之下降。

國內學者也進行了相似的研究。如陳慶勇等（2008）以中國上市公司實施的集團內併購活動為樣本，發現併購活動並未引起公司業績的提升，但高管的薪酬卻隨之顯著增加，同時其薪酬水準的變動與併購的規模顯著正相關。李善民等（2009）以 1999—2007 年全部 A 股上市公司為樣本，實證得出併購會造成主並公司高管薪酬與在職消費的增加。

在相關文獻中鮮少研究與本書相關的另兩個利益相關者：員工以及政府。本書正是基於此進行實證研究，期望對此有所突破。

1.3.2 文獻評論

通過上述介紹可以看出，雖然筆者已經對之進行了精心梳理，但仍顯些許零散，併購的經濟後果難以形成一個較為統一的結論。綜合分析，筆者認為這些研究存在下述幾個方面的缺陷。

1.3.2.1 併購概念界定不清

如緒論中所談到的，併購有廣義與狹義之分。資產剝離、債務重組等，屬於廣義併購的範疇，它們和狹義併購中的資產收購與股權收購相差甚遠，其經濟後果自然截然不同。若研究中不進行細緻分類，極易得出與研究結論不相一致的結果。此外，不同的併購事件，其交易總價與交易規模差異較大，若不加區分地合併研究或隨意取捨必將造成結論的不同。

1.3.2.2 研究集中於長短期績效的檢驗

前文的介紹我們可以看出，絕大多數的研究集中於併購的長短期績效研究。而且，隨著弱勢有效或半強勢有效市場結論日益為研究者所「真心」或「違心」地接受，事件研究法成為一種主流的研究方法。不論是 CAR 還是 BHAR，其結果都是股價因併購事件而產生波動給股東所帶來的財富的增減。由此所帶來的是，績效研究實則退化為併購對股東的財富效應研究。

從併購經濟後果的三種理論而言，績效研究其實主要是對「併購的價值創造效應」的檢驗，而忽視了併購的財富再分配效應。只考慮是否做大了短期的「蛋糕」，忽視了「蛋糕」的分配，無法實現公司的可持續發展。

此種研究範式還有一個極為嚴重的後果是，忽視了併購對控股大股東的影響，這在以國有股為主體的中國資本市場上尤為突出。股價的波動，尤其短期波動，真正影響的是中小股東，而對於非流通或不願喪失控股地位的大股東的股權而言，影響甚微。即便是股價的長期波動給大股東帶來損失，但控股股東

仍然可以通過各種途徑得到控制權收益。

1.3.2.3 對於主並公司債權人的併購財富效應研究關注較少

對債權人財富效應的忽視，源於研究者囿於事件研究法的研究範式。較大規模的公司債券市場，僅存在於美英等少數海洋法系國家，其他國家上市公司的債務更多來自銀行貸款。銀行貸款缺乏活躍的二級市場，事件研究法因此而失效。即便是在美國，相較於股市的巨大成交量，公司債的交易規模也是很少的。因此，在對美英等國併購影響債權人財富的研究，也會因為樣本量較少而較少有學者著重研究。

國內研究在此領域的空白正是近年來對國外研究亦步亦趨的結果。由於多種因素的制約，中國的公司債市場規模很小①，事件研究法在併購的債權人財富效應研究領域基本無用武之地。那麼是不是只有等到中國的公司債券市場形成規模後方可研究？回答當然是否定的。本書將在第4章對此問題進行分析。

1.3.2.4 缺乏對併購經濟後果的系統闡釋

公司是多種契約的組合，各類簽約人均是公司的利益相關者。我們不能囿於法律規定的狹小區域，而應該從經濟學的視角分析公司的合理邊界。只有合理關注各類簽約人的利益訴求，方可實現公司的可持續發展。併購活動紛繁異常，不僅有價值創造的正效應或負效應，而且會引起不同利益相關者間財富的重新分配。以往的研究一般都站在某個利益相關者的角度看問題，似有只見樹木不見森林之觀感。因此，從利益相關者的視角，全面分析併購的經濟後果或財富效應不僅有可能，而且有必要。

1.4 併購財富效應的研究方法

以上我們對基於財富效應的併購理論已經有了較為全面的瞭解，接下來的問題是對併購財富效應實證研究方法的討論。從國外研究來看，併購的短期財富效應一般使用的是短期事件研究方法，這在國內已經廣泛採用。對於長期財富效應，多採用長期事件研究和托賓 Q 值的方法，這些方法在近幾年來也日漸為國內學者所使用。下面就公司併購財富效應的各類研究方法進行簡要的介紹。

---

① 中國公司債市場發展遲緩的問題，筆者將在第5章詳細論述。

1.4.1 會計指標研究法

會計指標研究法（accounting measure of performance）的基本思路是使用財務報表和相關會計數據資料，選取單一的或幾個關鍵財務指標，或者利用主因子法等方式構建財務會計指標體系，以此來評價公司的經營業績。在指標的選取方面，淨資產收益率、總資產報酬率、營業收入、EPS 經常是研究者的偏好對象。

總體上看，會計指標研究法的好處在於數據容易取得，便於計算與理解。但由於會計計量、記錄與報告的一些先天缺陷，忽略了公司併購前後風險變化和時間價值，同時很多關鍵資產，如無形資產、人力資產未得到相應反應。此外，會計指標的選取缺乏客觀的基準，選取的主觀性較強。在中國的資本市場中，IPO（首次公共募股）和增發配股時，出現引人關注的 1998 年前的「淨資產收益率的 10% 現象」和 2001 年後的「6% 現象」，說明諸如 ROA（資產收益率）、ROE（淨資產收益率）等這些關鍵的會計指標可能被公司所操縱，以此衡量併購績效的實證結論，其可靠性可能會受到質疑。

1.4.2 事件研究法

事件研究法（event studies），是通過計算併購公告所引發的公司股票的超常收益（abnormal return, AR）來評價併購對流通股股東財富的影響。事件研究法可以追溯到 20 世紀 30 年代，但直到 1968 年 Ball 和 Brown 對會計盈餘報告的市場有用性的經驗研究和 1969 年 Fama 對股票市場有效性的研究中成功運用該方法之後，事件研究法才得到完善並被廣泛接受。目前該方法已經成為學術界研究併購績效的主流方法。

超常收益有兩種表現形式：一種是超常累計收益，另一種是長期持有超常收益，而不論哪種形式，其成功的前提都取決於「正常收益」，即假定沒有併購事件時公司的收益的準確估算。

1.4.2.1 超常累計收益率的計算

CAR 計算中的正常收益，其估算有三種典型的方法：一是市場調整法，即直接以市場收益率作為股票正常收益的股票估計值，股票的實際收益率扣除市場收益率即為該股票的超常收益；二是市場模型法，常以併購事件公告日前 1~3 個月的股票實際日收益率對市場或指數收益率進行迴歸，估計貝塔（β）係數，然後再以考察期內的市場或指數收益率和估計出的貝塔係數來計算所謂的「正常收益」；三是 CAPM（資本資產定價模型）法，它以夏普和林特納的

資本資產定價模型為依據，計算方法類似於市場模型法。應該指出，後兩類方法理論基礎更為完善，但是在實際的計算之中，短期內三種方法估算的超常收益差異不大，至少不會改變 CAR 的正負方向。下面以市場調整法為例，說明 CAR 的計算方法。

若 $R_{i,t}$ 和 $R_{m,t}$ 分別代表第 t 日股票 i 的日收益率和市場指數日收益率，P 表示 N 只股票組成的等權重投資組合，則：

股票 i 在第 t 日的超常收益 $AR_{i,t} = R_{i,t} - R_{m,t}$

股票 i 在 [0, T] 日內的超常累計收益率 $CAR_{i,T} = \sum_{t=1}^{T} AR_{i,t}$

等權重股票組合 P 在第 t 日的平均超常收益 $AAR_{P,t} = \frac{1}{N}\sum_{i=1}^{N} AR_{i,t}$

等權重股票組合 P 在 [0, T] 日內的超常累積收益率：

$$CAR_{P,T} = \sum_{t=1}^{T} AAR_{P,t} = \frac{1}{N}\sum_{t=1}^{T}\sum_{i=1}^{N} AR_{i,t}$$

通過檢驗 $CAR_{P,T}$ 是否為零，可以判定在特定的時間窗口內主並公司是否具有顯著的超常累計收益率，並以此判定併購事件對公司股票市場價值是否有顯著影響，這將直接影響到流通股股東的財富。

超額累計收益率的運用中，有幾點應該值得注意。其一，該方法可以同時適用於短期事件研究和長期事件研究，上文的公式主要是短期研究的方法，若進行長期事件研究，只需將日收益率調整為月收益率即可。其二，該方法建立在有效市場假說的基礎之上，實踐中不同國家的資本市場的有效性不同，事件窗口的確定便是一個關鍵問題。一般而言，資本市場越有效率，股價對於某一特定信息的吸收速度越迅速，可以採用較短的事件窗口。如對於美國上市公司併購事件的研究經常使用 [-1, 1] 的 3 天作為事件窗口。而對於新興資本市場，如中國，股價對某一特定信息的反應可能提前亦可能推後，可以採用 [-10, 10] 或 [-30, 30]，甚至更長的事件窗口。不過需要注意的是，較長的事件期可能無法保證事件窗口的「清潔」，這也是超常累計收益率法在長期事件研究中較少採用的原因。

1.4.2.2 長期持有超常收益率的計算

相較於 CAR 法，BHAR 更加適用於長期事件研究，BHAR 受考察期內股價波動影響小於 CAR，其誤差較小。在具體計算中，一般不需要估計考察期內主並公司股票的正常收益，而是在事件發生後選擇配對公司或者按某一特定標準來衡量併購公司在事件窗口內的業績。在大多的 BHAR 研究中，都採用公司規模和帳面價值與市值比配對樣本組的回報率作為比較的基礎。具體計算過程

如下：

$$\text{BHAR}_{i,T} = \prod_{t=0}^{T}(1+R_{i,t}) - \prod_{t=0}^{T}(1+R_{\text{benchmark},t})$$

$$R_{\text{benchmark},t} = \frac{1}{N}\sum_{j=1}^{N}\text{AR}_{j,t}$$

式中，$\text{BHAR}_{i,T}$ 為併購公司股票 i 的長期持有超常收益率；$R_{i,t}$ 為股票 i 在第 t 月的實際收益率；$R_{\text{benchmark},t}$ 為參照組的平均回報率；$R_{j,t}$ 為參照組中股票 j 在併購後第 t 月的實際回報率；N 為參照組的樣本個數。

在參照組的劃分中，按公司規模和帳面價值與市值比將所有上市公司分為5組，然後進行配對形成25個投資組合。其中公司規模一般按照上市公司年報中的流通市值計量，而帳面市值比採用年初數值。

1.4.3 托賓 Q 值法

該方法是以托賓 Q 值作為衡量上市公司績效的計量指標，通過對併購前後主並公司托賓 Q 值的變化對併購的長期績效進行研究。Q 值是托賓1969年提出的一個著名的系數，在經濟學和財務學中被廣泛運用，在國內外研究中是最為常用的業績評估指標之一。由於該法是會計指標與市場數據的結合，在一定程度上避免了會計指標易被操縱的問題，這一點在中國的資本市場的研究中尤為重要。當然，在具體使用中，Q 值的計算以及度量需要適當考慮年度及行業因素，這在本書第3章中會有詳細討論。

應該指出，事件研究法和托賓 Q 值法在檢驗併購的長期財富效應過程中，其適用性受制於資本市場的有效性，這一點對 BHAR 更為重要。雖然說近年來很多實證研究的結果支持中國資本市場處於弱勢有效的狀態，但我們不能人云亦云，科學的研究要求保持謹慎的態度，本書第3章併購對股東的長期財富效應，採用了托賓 Q 值的方法。

1.5 小結

在本章中，筆者對國內外學者關於併購及利益相關者的研究成果進行了梳理、歸納與總結。學者們關於併購活動的研究，主要集中在對股東影響的角度，債權人及公司高管影響的角度涉及較少；而對於股東影響的研究，因時間、對象、範圍以及方法選擇的不同，其研究結果也存在較大的差異。

（1）關於併購理論，主要來自於兩個方面：一方面是併購動機的理論，

如併購解決效率問題、代理問題，亦可能來自於企業戰略發展的需要等；另一方面是併購後果的理論，併購能帶來經營協同或財務、稅收協同效應，有助於企業價值的上升，或者它也是一種價值再分配的手段等。無論是哪一方面，併購理論的研究都是基於企業或股東的視角，分析具有一定的片面性。

（2）利益相關的理論提出公司的治理行為應尊重除股東以外的其他的機構或人員的合法權利，把企業的目標設定為「股東價值最大化」是不合理的，每一個與企業生存與發展相關聯的合作者都應該在企業行為中受到公平的對待。併購行為對於除股東以外的其他利益相關者而言，大多情況下只能被動接受，無法做出決策，因此他們不存在併購動機，而是接受併購的經濟後果。他們表達的訴求更多是一種期望，期望在併購中能獲得正常收益。企業的經濟行為應該充分考慮這種期望。

（3）併購對於股東的經濟後果，因研究者事件窗口、樣本範圍等存在差異，結論也莫衷一是，但研究的方法主要集中在會計指標研究法、事件研究法以及托賓 Q 值法。會計指標研究法數據易於取得，便於計算，但指標易被操縱；事件研究法是學術界普遍採用的一種方法，通過計算股票的超常收益率來評價併購對財富的影響；托賓 Q 值是利用會計指標與市場數據相結合的方式來測量併購對績效的影響，後兩種方法的適用性受制於資本市場的有效性。但我們對於任何研究都應保持科學、嚴謹的態度，在不斷地探索中取得進步的。

2 併購的特徵分析

企業併購，不論其動機如何，最終都實現了社會資源的重新分配。最早的併購發生於19世紀末的美國，至今已經歷了百餘年。中國的首例企業併購發生於1984年，保定紡織機械廠兼併了保定針織器材廠，而1993年的「寶延事件」拉開了資本市場併購的帷幕。研究併購的經濟後果，離不開對宏觀環境和企業自身特徵的分析，本章將對比中美併購事件，系統闡釋中國上市併購公司的特徵，為以後各章的分析提供一個環境的支撐。

2.1 美國五次併購浪潮的回顧[①]

2.1.1 五次併購浪潮簡介

2.1.1.1 19世紀末到1904年的第一次併購浪潮

這次併購浪潮的起因是1890年謝爾曼反托拉斯法案（The Sherman Antitrust Act），該法案打擊卡特爾組織，禁止企業間協議串通控制產量或影響價格，但允許建立50%~90%市場份額的近似壟斷企業的存在。作為對此法案的回應，很多上市公司通過增發新股等方式籌措資金，以橫向兼併為主要方式在各行業組建壟斷組織。聯合鋼鐵公司、杜邦公司、通用電氣、標準石油、美國菸草公司、柯達公司等應運而生。

第一次併購浪潮大約從1897年開始到1904年，經歷8年左右，共發生併購事件2,943起。1904年北方證券最高法院決定大幅度擴展謝爾曼法案的解釋，此次併購浪潮立即結束，到1914年美國國會通過克萊頓法案（Clayton Act）強化了法院的判例法，禁止通過合併（merge）形成壟斷。

---

① 本節中數據的來源主要是根據朱寶憲、吳洪撰寫的《美國五次併購浪潮的回顧》。

2.1.1.2 20世紀20年代的第二次併購浪潮

此次併購浪潮的時段有不同的解釋，但學者們一般都承認其高峰期是在1926—1930年。克萊頓法案的持續發酵，壟斷不再允許，但寡頭逐漸在很多行業內取得支配地位，如美國的汽車製造業，同時也出現了很多金字塔式的公司集團。此次併購的類型仍以橫向併購為主，同時縱向併購也日漸增多。

此次併購浪潮的興起主要是經濟方面的原因。1921年美國經濟在第一次世界大戰後開始復甦並快速增長，20世紀20年代中後期股市出現大牛市，為上市公司提供了源源不斷的資金流。此次併購浪潮的終結，是由於眾所周知的原因，即1929年的股災。

2.1.1.3 20世紀60年代中後期的第三次併購浪潮

第三次併購浪潮的高峰期出現在1965—1969年。併購的類型與前兩次不同，以混合併購為主。各大主要上市公司紛紛打著「投資組合降低風險」的大旗，進行多元化經營與併購，像通用磨坊、西北產業公司、國際電話電報公司（ITT）等「全天候成長企業」大量湧現。

此次併購浪潮主要源於第二次世界大戰後科技革命帶來的經濟快速發展。作為經濟晴雨表的美國股票市場，道瓊斯指數從1960年的618點到1968年已上漲到906點，股價飛漲為上市公司融資提供了極大的便利。經濟的繁榮、需求的穩定，為上市公司提供了高額的利潤，多元化併購成為當時的主流。

進入20世紀70年代，兩次石油危機嚴重衝擊了西方主要發達國家的經濟，滯脹問題接踵而至，多元化經營的上市公司利潤下降，第三次併購浪潮開始悄悄地退去。

2.1.1.4 20世紀80年代的第四次併購浪潮

美國經濟經過1981年、1982年兩年的急遽衰退後開始觸底反彈，股票市場重新繁榮，上市公司的現金儲備不斷增加。里根政府有意鬆動反托拉斯法的執行力度，聽任市場自行發展，行業內的大規模的橫向併購不斷出現。20世紀80年代的併購從以前的狹義併購為主，走向了廣義併購，資產剝離、接管活動日漸增多。企業由於難以協調長期目標與短期目標一致性，「借債兼併」逐漸成為擺脫困境的主要手段。本次併購浪潮的另外一個重要特徵是槓桿收購與敵意收購的急速躍起，多元化經營的理念開始逆轉。這個時期由於垃圾債券的大規模推出，收購的槓桿程度較高，在給股東創造大量財富的同時，債權人價值有受損跡象。

美國各州紛紛出抬反接管法，最終以法律的形式終結了此次併購浪潮。

2.1.1.5 20世紀90年代的第五次併購浪潮

第五次併購浪潮時段一般認為是1992年到2000年，高峰期在1996—2000年。此次浪潮的併購次數和規模都遠超以往，強強聯合的案例時有發生。此外，此次併購還有兩個特點，就是出現了金融業的大合併和跨國兼併。

引發此次併購浪潮的原因仍是經濟的發展。在這一時期，多個事件促成了美國的又一次黃金發展期。2000 年中期，美國經濟在經歷多年繁榮後增速放緩，第五次併購浪潮在 2001 年的資產剝離高峰中慢慢隱去。

2.1.2 美國五次併購浪潮的特徵分析與總結

2.1.2.1 併購的數量與規模在逐步地放大

表 2-1 詳細羅列了五次併購浪潮期間的併購事件的數量和交易規模。可以看出，隨著時間延續（也可以看作經濟的增長），併購事件數量快速增長。即便是在第三次與第四次併購浪潮之間的 20 世紀 70 年代，美國經濟面臨嚴重的滯脹問題，併購數量仍遠多於前兩次併購浪潮期，而在第五次浪潮的頂峰，併購數量竟可以萬計。在交易規模方面，雖然存在很多數據的缺失，我們無法得知前兩次併購浪潮期間的年交易額，但從一個小故事，即 20 世紀初通用汽車本可以 300 萬美元購買福特卻因資金缺乏未果，可以看出早期的交易規模相對較少（當然，我們也必須要考慮到貨幣購買力問題）。從 20 世紀 80 年代開始，尤其是進入 90 年代，上十億美元的併購事件已經不再是什麼奇聞了。

表 2-1　美國併購數量與交易規模統計表

併購浪潮	年份	交易規模/億美元	併購數量/起	1 億以上的數量/起	10 億以上數量/起	年份	交易規模/億美元	併購數量/起	1 億以上的數量/起	10 億以上數量/起
第一次併購浪潮	1897		69			1898		303		
	1899		1,208			1900		340		
	1901		423			1902		379		
	1903		142			1904		79		
第五次併購浪潮	1991		1877	150	13	1992		2,574	200	18
	1993		2,663	242	27	1994		2,997	383	51
	1995		3,510	462	74	1996		5,848	640	94
	1997		7,800	873	120	1998		9,278	906	158
	1999		9,278	1,097	195	2000		9,566	1,150	206
	2001		8,290	703	121					

資料來源：帕特里克·高根. 兼併、收購與公司重組 [M]. 朱寶憲，等譯. 北京：機械工業出版社，2004；邵萬欽. 美國企業併購浪漫 [M]. 北京：中國商務出版社，2005；美國各年度的 Merger Star Review。

註：此處將第一次和最後一次併購浪潮的數據列出，便於比較。

大規模的併購活動，日益成為很多上市公司戰略佈局的關鍵一環，可能決

定著企業的生存和持續發展。從宏觀層面，併購活動的日益放大，對社會資源的重新配置帶來巨大影響，併購會影響到各個利益相關者甚至整個社會，我們應重視併購的經濟後果，並在理論層面，從利益相關者的視角，全面考察與研究併購的財富效應。

2.1.2.2 併購與經濟的發展息息相關

通過前文的介紹我們可以看出，除了第一次併購浪潮外，後四次併購浪潮均是興起於經濟的快速增長，而終結於經濟的衰退。經濟繁榮時期，大眾需求能力旺盛，通過併購活動迅速擴大企業規模，取得高額的利潤；美國的股市一直是作為經濟的晴雨表，繁榮經濟帶來「牛氣衝天」的股市，進而為主並公司的融資提供了便利。正確的併購決策加上併購後的成功整合，可以大幅度提升主並公司價值，這也可以進一步推動經濟的發展與繁榮。如此，便是一個人人所期待的良性循環。經濟衰退，會減少併購的意願，而經濟為何會衰退，宏觀經濟學家做出了各種的解釋，但併購浪潮後期過於樂觀甚至亢奮的併購行為，由此而產生的失敗的併購案例，是否對經濟衰退起到推波助瀾的作用，是值得深思的問題。正如20世紀80年代末期，大量垃圾債券所支持的惡意槓桿併購行為，失敗案例劇增，給投資者和公司帶來了巨額的損失，這也成為美國很多州制定反接管法案的理由之一。

2.1.2.3 併購的背後是各種經濟利益的推動

第二次世界大戰前的前兩次併購浪潮期間，美國上市公司規模較小，基本所有上市公司都存在著絕對控股的大股東，兩權分離問題並不嚴重，公司是按照股東財富最大化的目標來營運的。不論是第一浪潮中的組建壟斷組織還是第二次浪潮中的建立寡頭或縱向併購，都是為了使主並公司獲取最大的利潤，為其股東謀福利。

第二次世界大戰後，美國經濟迅速恢復並獲得了較長時間的繁榮，上市公司規模日益擴大，加上美國各種公司法與證券法，很多美國大型上市公司變為股權高度分散的公眾公司，「經理層革命」也在這一時期完成，代理問題日益嚴重，20世紀60年代的併購活動，以多元化併購為主，雖說有避免觸及《反壟斷法》的考慮在其中，但其主要的受益者不再是股東，而是上市公司新的內部人——管理層，這便是第1章所談到的併購的財富再分配效應。

管理層為了自身利益，恣意轉移股東的財富為己有，作為股東財富的代表，公司股價必將降低，這為控制權市場的興起帶來了契機。20世紀80年代的併購浪潮中，眾多的「公司襲擊者」通過購買大量股權進駐董事會的方式，將不良的管理者逐出公司，進而對公司資產進行剝離，不僅襲擊者自身獲得了

巨額的利潤，也為公司的中小股東帶來了股價上升的好處。這實際上也是一種財富的再分配問題。

2.1.2.4 非經濟因素經常會左右併購的消長

公司是契約的組合，有眾多的利益相關者，從這個意義上說，公司的行為不僅僅影響股東，還影響公司內部的高管人員和普通員工，同樣也影響公司外部的債權人、社會大眾以及政府。一次次的併購浪潮，千萬例的併購行為，帶來大量資源的重新配置的同時也影響到參與企業契約各方的利益。非經濟的因素必將影響或干預上市公司的併購活動，甚至左右併購的消長。

在眾多的非經濟因素中，政治與法律是最為重要的一環。19世紀末，美國政府開始意識到企業間通過組建卡特爾等方式串通一氣控制產量或價格的危害性，制定了謝爾曼反托拉斯法案。大型企業在控股股東的支配下追求自身利益最大化，並實施了第一次併購浪潮，造成了美國當時各大行業壟斷盛行的局面。1904年最高法院的判例法和1914克萊頓法案便是對此情況的一種應對措施，一方面阻止了第一次併購浪潮，另一方面反壟斷法在美國日漸嚴格，這也是在以後的併購中較少出現大規模橫向併購的原因。20世紀80年代早期里根政府對《反壟斷法》執行力度的放鬆，引發了第四次併購浪潮，而20世紀80年代末期，惡意的槓桿併購觸及大型公眾公司高管和員工的利益，也觸犯了美國民眾的民主思維，各州《反接管法》的推出最終結束了該次併購浪潮。20世紀90年代冷戰結束，新自由主義盛極一時、全球一體化加深，美聯儲大力支持金融創新，金融行業大規模併購不斷出現。此外，科技革命和技術創新也是併購相當重要的驅動因素，其促成了美國乃至全球統一市場的形成。

2.2 中國企業併購特徵分析

1993年「寶延事件」拉開了中國資本市場併購的帷幕，這之後上市公司併購事件日漸增多。2001年後，包括中國在內的世界各國股市疲軟，西方國家的併購開始減少，但中國的併購市場卻日漸繁榮，併購事件呈井噴之勢。在本節中，筆者將詳盡分析2001—2009年中國上市公司併購的特徵[①]。其中的數據來源於國泰安CMAR數據庫。

---

① 筆者認為，21世紀的前10年是中國的第一次併購浪潮（當然這次浪潮還未結束），由於2010年上市公司數據在論文寫作過程中不能完全取得，故本節僅分析了前9年的公司併購。

2.2.1 併購事件的時間分佈特徵

2001—2010 年，是中國經濟高速增長、綜合國力全面提升的 10 年，按照 2.1 節中看到的美國公司併購的規律，應該也是併購興盛的時期。不過在此期間，中國股權卻經歷了 2001—2005 年 4 年的熊市、2006—2007 年兩年的牛市和 2008—2010 年的徘徊期，這是否對併購產生影響？這需要通過併購事件的年度與季度分佈來說明。上市公司併購是否存在機會主義？是否有選擇發布併購公告？這些需要通過併購事件的月度分佈來說明。

2.2.1.1 併購事件的年度與季度分佈特徵

表 2-2 是統計的 2001—2009 年的併購情況。從中我們可以看出以下幾個特點：第一，從整體而言，中國上市公司併購在年度之間呈現出明顯的上升趨勢，尤其從 2007 年開始可以以「井噴」形容，增長近 120%；第二，併購中的資產收購明顯少於股權收購，9 年間資產收購所占比重均值約為 32%，而最小值和最大值分別為 27% 和 35%，整體變動不大①；第三，表中的後三列列示的是剔除多次併購的結果，即若某上市公司在某一年度發生多次併購行為，僅按一次計算，從統計結果可以看出剔除後的總體併購數量僅占全部併購的 56%，這說明中國上市公司發生多次併購的情形極為常見②。

表 2-2　併購事件年度分佈表（2001—2009 年）

年度	未剔除多次併購			剔除多次併購後		
	總計	資產收購	股權收購	總計	資產收購	股權收購
2001	462	164	298	309	106	203
2002	545	186	359	306	91	215
2003	533	175	358	370	109	261
2004	588	180	408	369	112	257
2005	450	150	300	299	84	215
2006	542	147	395	342	80	262

---

① 在以後幾章的實證分析中，筆者發現這兩種併購方式對各利益相關者的影響並無顯著的差異。

② 在目前國內關於併購的實證研究文獻中，大多是按剔除後的數據進行分析，這是否會對研究結論產生影響，是需要認真探討的問題；同時也說明了併購頻率是實證研究的一個重要內容。

表2-2(續)

年度	未剔除多次併購			剔除多次併購後		
	總計	資產收購	股權收購	總計	資產收購	股權收購
2007	1,190	391	799	617	175	442
2008	1,422	459	963	686	212	474
2009	1,281	352	929	637	167	470
合計	7,013	2,204	4,809	3,935	1,136	2,799

年度分佈使我們得出結論，併購的消長與經濟的發展息息相關，同時前文也指出，中國的股市和經濟發展形勢並非完全同步，股市的「經濟晴雨表」作用在中國還未得到有效的體現。那麼併購事件與股市之間是否有關聯性呢？本書將按季度統計的併購次數和大盤指數同時展現在圖2-1和圖2-2中。為避免圖形的繁瑣，同時與以後各章的實證分析相對應，兩個圖形僅顯示了2004—2007年4年16個季度的數據。另外，鑒於滬深指數的高度關聯性，圖中僅以上證指數為例反應股市的漲跌。從圖2-1和圖2-2中可以看出，無論是否剔除多次併購，併購與股指的關係並沒有發生系統性變化。

從圖2-1和圖2-2的圖形中，我們可以得到如下結論：

第一，整體上無法得出併購與股指相關的結論，這一點和朱滔（2007）的觀點是一致的。

第二，如果我們將時間段分為兩個部分，即2004/2005年的熊市階段和2006/2007年的牛市階段，則可以看出，股市疲軟時期，併購與股指的變動並無顯著關係，而在股市繁榮時期，二者存在明顯的正相關關係。結合熊市中融資的困難，筆者預測牛市中併購的大幅度上升，除了和經濟形勢相關聯外，股權融資的便利性也是一個重要影響因素，這一點將在以後的章節中進行實證檢驗。

第三，併購相對經濟形勢和股市漲跌存在滯後性。美國金融危機在2008年開始蔓延至全球，中國雖然在危機中表現卓越，但國民經濟，尤其是出口受到了極大影響，2008年股市暴跌經濟形勢處於下行趨勢。但從併購的年度（表2-2）看，2008年併購卻是2001—2010年間最為興盛的一年。結合本章2.1節中對美國五次併購浪潮的分析，如第一次石油危機發生的1972年、美國經濟再度衰退的2001年，雖然都處於併購浪潮的末期，但併購數量卻是所屬期間較多的年份。這些都說明了併購相對經濟形勢存在滯後效應。

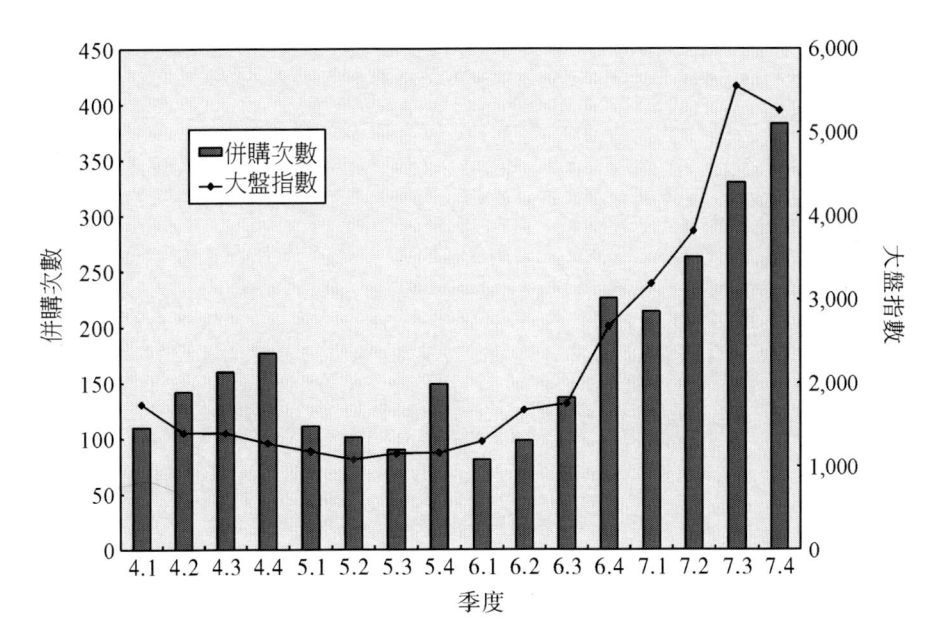

圖 2-1 按季度統計的併購次數與滬市大盤指數（2004—2007 年所有併購）

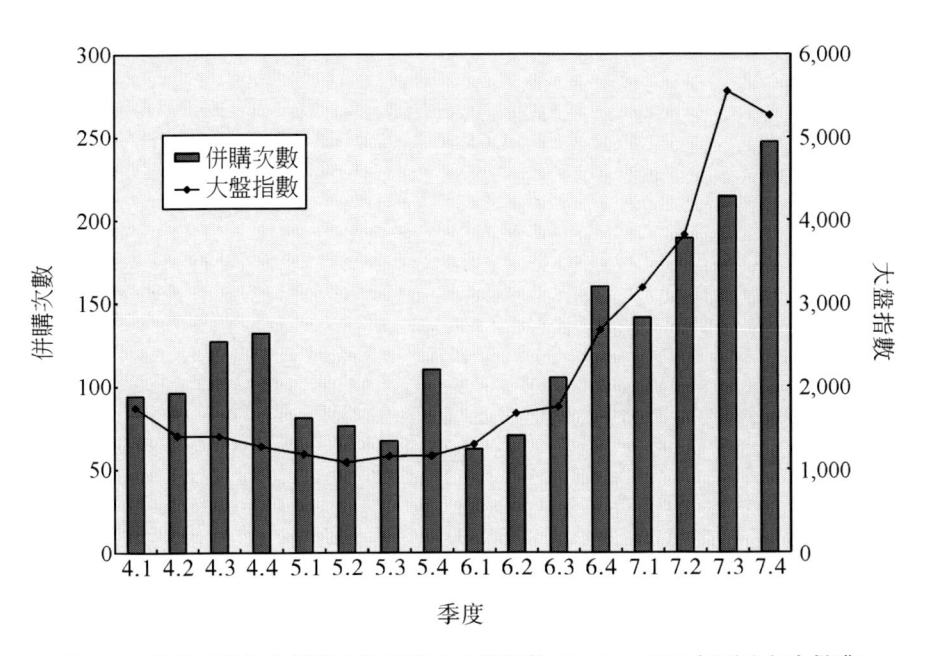

圖 2-2 按季度統計的併購次數與滬市大盤指數（2004—2007 年剔除多次併購）

2 併購的特徵分析 | 35

2.2.1.2 併購事件的月度分佈特徵

在季度分佈圖中，我們還可以注意到一點，即在每個年度中，第四季度都是併購最為頻繁的時間，這是否表明了上市公司的機會主義傾向？需要結合月度分佈分析。表2-3詳細列示了2001—2009年9年間的併購月度分佈情況，同時我們也可以從圖2-3和圖2-4中更為直觀地看到，1月、2月是併購公告最少的月份，而12月是併購公告最多的月份，即便分年度統計也是如此。[①] 1月、2月公告少，當然是由於中國的傳統節日造成的，而對於12月公告最多的現象，很多研究者也都已發現。究其緣由，不少研究者，如張新（2003）認為這是上市公司機會主義的表現，通過有傾向性的選擇併購公告時間，業績較好的公司可以調高盈利水準達到再融資資格，而業績較差的公司可以借此擺脫ST或PT的命運。

表2-3 併購事件月度分佈表（2001—2009年）

月度	未剔除多次併購 總計	未剔除多次併購 資產收購	未剔除多次併購 股權收購	剔除多次併購後 總計	剔除多次併購後 資產收購	剔除多次併購後 股權收購
1	370	131	239	257	94	163
2	306	83	223	220	57	163
3	558	171	387	364	102	262
4	694	185	509	424	114	310
5	450	132	318	295	104	191
6	550	153	397	345	101	244
7	546	168	378	341	118	223
8	707	230	477	438	152	286
9	546	201	345	333	137	196
10	673	225	448	405	161	244
11	711	239	472	421	157	264
12	902	286	616	526	188	338
合計	7,013	2,204	4,809	4,369	1,485	2,884

在這一點上，筆者並不認同。第一，併購的會計處理上，同一控制下的公

[①] 限於文章的篇幅和數據的重要性，筆者並列出併購各年度的月份分佈情況。

司合併的差價計入資本公積，而非同一控制中的差價計入營業外收支，目前一方面關聯併購占大多數（這在後文的統計分析中將詳細介紹），併購差價計入資本公積何能影響盈利水準？另一方面，非關聯併購也未必都能使主並公司獲得帳面利潤，而且在統計中筆者沒有發現第四季度，尤其是 12 月的併購以非關聯併購為主。第二，併購公告時間和併購事件的發生並非完全同步，會計處理不可能以併購公告的時間作為會計確認的時點，而是以實際支付款項控制權發生轉移為確認依據。第三，併購公告可能影響的是股價的變動，而股價的漲跌並不影響上市公司能否再融資或是否進入 ST、PT 行列，而且在第 3 章的 CAR 檢驗中，筆者發現雖然 CAR 均值顯著為正，但是中位數卻顯著為負，上市公司無法確認併購公告能否被市場認為是利好消息。第四，從表 2-3 和圖 2-3、圖 2-4 的統計結果中，我們還可以看到，3 月、4 月、8 月三個月份也是併購公告的高峰期，按張新等學者的觀點，根本無從解釋此種現象。

通過上述分析，本書認為，併購事件的發生頻率主要和經濟形勢相關，且存在時間滯後效應。但併購公告並不存在所謂機會主義的傾向。

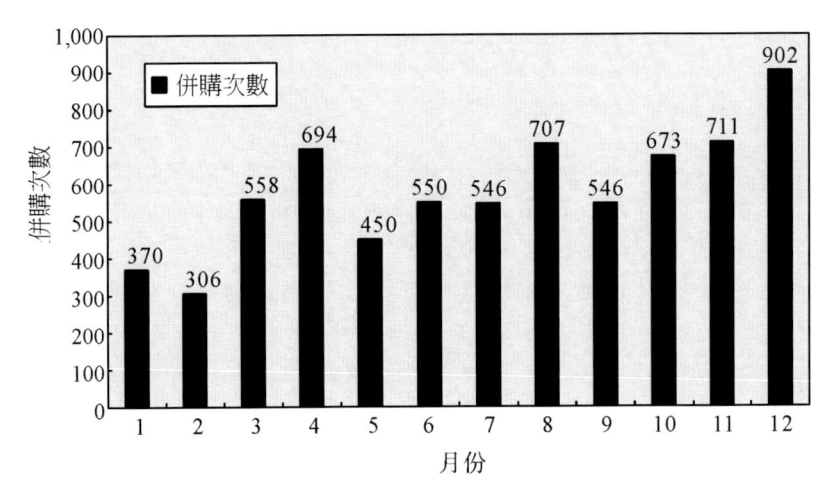

圖 2-3　併購事件月度分佈表（2001—2009 年所有併購）

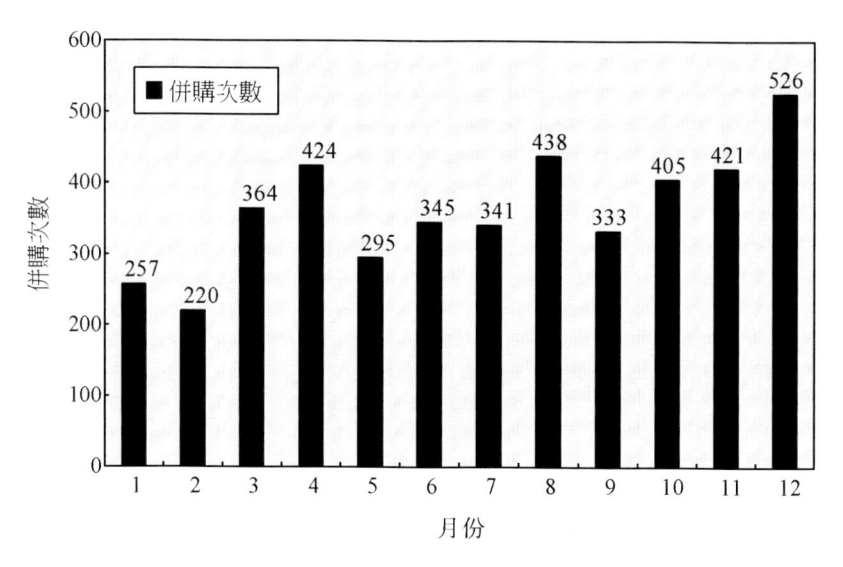

圖 2-4　併購事件月度分佈表（2001—2009 年剔除多次併購）

2.2.2　併購公司的行業分佈特徵

　　大規模的併購活動，帶來社會資源的重新配置。資本有著逐利的本性，國家的宏觀政策會扶持某一行業同時也可能抑制部分行業的發展。因此，併購活動具有很強的行業特徵，不同時期、不同國家，併購活動活躍的行業可能有所不同。如美國第一次併購浪潮中重點涉及了金屬、食品、化工、金屬製造產品、機械、交通設備和煤炭等領域，而第二次併購浪潮的重點轉向鋼鐵、石油產品、鋁與鋁製品、化工產品等行業。

　　從研究者的角度，不同的行業的併購可能導致的經濟後果不同，因此有必要研究併購公司的行業分佈特徵，為後文實證研究進行行業控制做合理鋪墊，而這首先需要科學的行業分類。

　　20 世紀 90 年代，中國資本市場剛剛建立，上市公司行業分類的工作未被重視，上交所將之簡單分為工業、商業、公用事業、綜合四大類；而深交所在此四類的基礎上加上金融業，分為五類。隨著股市的發展，上市公司數量激增，原來過於粗放的分類方式的缺陷日益顯現，也給統計工作和研究工作帶來諸多不便。2001 年 4 月 3 日，中國證券監督管理委員會頒布了統一的《上市公司行業分類指引》（以下簡稱《指引》）。《指引》將上市公司分為「門類」「大類」兩級，「中類」作為參考。由於上市公司集中於製造業，《指引》在製造業的門類和大類間增設「次類」。與之對應，總體編碼採用了層次編碼法，

門類為單字母升序編碼，如 B 為採掘業；大類為單字母加兩位數字編碼，如 B01 為煤礦採選業；中類為單字母加四位數字編碼，如 B0101 為煤炭開採業；製造業下次類為單字母加一位數字編碼，如 C6 為電子業。最終，中國上市公司被分為 13 個門類，74 個大類，製造業上市公司有 10 個次類。

　　併購行業分析的目的在於厘清資源在不同行業間的重新配置情況，進而明確公司併購的目的。在以往文獻的相關分析中，有兩個特點：第一，將主並公司與目標公司對應分析，統計二者所處的行業，這樣做的好處是關係明確，進而分析同業併購與混合併購的動機和經濟後果，但是目前上市公司公告並不盡詳細、各大數據庫的資料中關於目標公司的數據缺失十分嚴重，此種分析方法僅能假設行業數據缺失的公司是隨機分佈的［如朱滔（2007），這種假定很難使人信服］；第二，相關的行業分析中，均以絕對量為度量指標，觀察進出某行業的公司數量，以此區分資源配置的方向，這樣做的結果必然忽略了不同行業上市公司在數量上的巨大差異，分析結果難以反應真相。

　　鑒於以上所談，在本書的分析中，均以上市公司的數據為基礎，同時考慮滬深股市的實際行業分佈現實。在表 2-4 中，三、四兩列是 2001—2009 年度中，各行業主並公司的數量（在國泰安數據庫中，上市公司處於買方地位），而五、六兩列為各行業目標公司的數量（在國泰安數據庫中，上市公司處於賣方地位），由於中國的併購活動極少發生於上市公司之間，此種對照方式可以準確地說明不同行業的資金進出情況。而在表 2-5 中列示了 2001—2009 年度中，各行業上市公司的統計數，並在圖 2-5 和圖 2-6 中分門類與分次類顯示了各行業主並公司及目標公司占所在行業的公司數量的比重。

　　從兩張表格和兩個圖形中，我們可以得出如下特點。

表 2-4　主並公司與目標公司的行業分佈表（2001—2009 年）

單位：個

行業代碼	行業名稱	主並公司	未剔除	目標公司	未剔除
A	農、林、牧、漁業	85	124	95	150
B	採掘業	101	222	34	47
C	製造業	2,109	3,610	1,857	2,982
D	電力、煤氣及水生產和供應業	192	363	130	190
E	建築業	89	201	98	165
F	交通運輸、倉儲業	177	309	144	231
G	信息技術業	230	413	266	429

表2-4(續)

行業代碼	行業名稱	主並公司	未剔除	目標公司	未剔除
H	批發和零售貿易	247	431	249	379
I	金融、保險業	37	68	28	40
J	房地產業	235	536	211	333
K	社會服務業	118	217	116	198
L	傳播與文化產業	28	39	29	51
M	綜合類	264	470	394	681
合計		3,912	7,003	3,651	5,876

製造業細分	行業名稱	主並公司	未剔除	目標公司	未剔除
C0	食品、飲料	150	264	146	264
C1	紡織、服裝、皮毛	175	322	169	332
C2	木材、家具	15	47	6	17
C3	造紙、印刷	59	94	61	82
C4	石油、化學、塑膠、塑料	393	641	318	481
C5	電子	126	204	136	208
C6	金屬、非金屬	325	569	222	314
C7	機械、設備、儀表	575	969	555	886
C8	醫藥、生物製品	258	447	211	341
C9	其他製造業	33	53	33	57
合計		2,109	3,610	1,857	2,982

表2-5 各年度分行業上市公司數量

單位：個

行業代碼	2001年	2002年	2003年	2004年	2005年	2006年	2007年	2008年	2009年	合計
A	25	27	30	33	33	35	35	36	37	291
B	16	18	21	24	24	26	36	40	43	248
D	46	51	55	63	63	65	65	67	69	544
E	17	19	27	30	29	33	37	38	42	272
F	50	53	60	64	63	68	73	73	76	580
G	66	77	84	88	88	97	103	105	133	841
H	85	82	83	84	92	93	94	96	98	807

表2-5(續)

行業代碼	2001年	2002年	2003年	2004年	2005年	2006年	2007年	2008年	2009年	合計
I	6	8	9	9	9	15	27	27	30	140
J	45	48	61	64	69	71	81	93	104	636
K	40	40	42	44	45	49	53	56	61	430
L	9	10	11	11	9	9	12	14	16	101
M	129	126	110	107	86	83	84	83	82	890
C	718	756	786	845	851	900	958	984	1,069	7,867
C0	57	60	62	64	63	66	69	67	74	582
C1	60	61	62	67	72	75	77	77	79	630
C2	2	2	2	3	4	4	4	6	7	34
C3	26	25	27	29	29	34	32	33	39	274
C4	137	139	148	156	154	162	171	181	187	1,435
C5	43	46	48	51	53	59	75	77	82	534
C6	106	119	119	124	123	133	144	147	154	1,169
C7	201	211	220	236	241	249	266	275	315	2,214
C8	75	81	86	101	97	101	102	104	112	859
C9	11	12	12	14	15	17	18	17	20	136
合計	1,970	2,071	2,165	2,311	2,312	2,444	2,616	2,696	2,929	

併購次數／行業公司總數（比重）

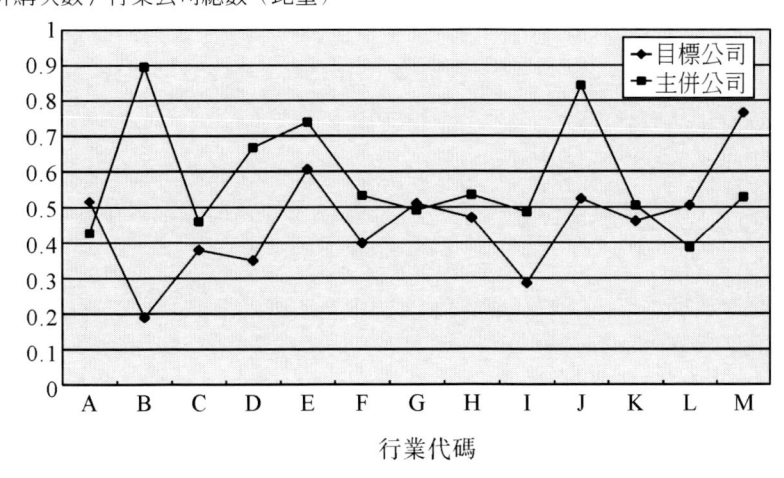

圖2-5　分門類併購分佈圖

併購次數／行業公司總數（比重）

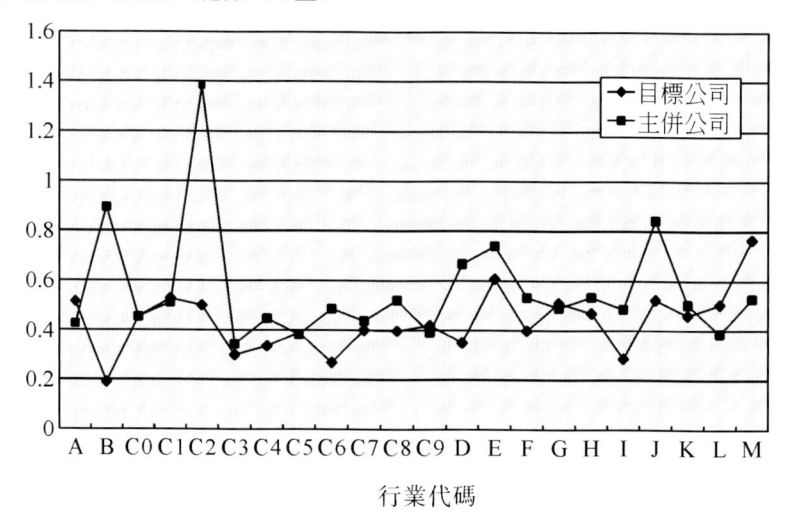

图 2-6　分次類併購分佈圖

註：超過 1，指公司併購次數不止 1 次。

第一，發動併購最多的幾個行業依次是 C2 木材、家具業，B 採掘業，J 房地產業，E 建築業與 D 電力、煤氣及水生產和供應業，這五個行業的併購數量的比重超過其行業公司數量的六成以上，尤其是木材、家具業此比重竟高達 1.4，說明幾乎所有的木材、家具上市公司都進行了不止一次地併購行為。

第二，資金進入最多的幾個行業依次是 M 綜合類，E 建築業，G 信息技術業，J 房地產業，A 農、林、牧、漁業，C1 紡織、服裝、皮毛業，其中綜合類發生的被併購數量占其行業公司數量的比重近八成。

第三，收購公司與目標公司差異最大的行業依次是 C2 木材、家具業，B 採掘業、D 電力、煤氣及水生產和供應業、C6 金屬、非金屬業；二者負差異最大的是 M 綜合類、L 傳播與文化產業和 A 農、林、牧、漁業。

縱觀中國上市公司的行業併購分佈情況，其顯得比較雜亂，但從中我們還是可以看到如下端倪：第一，中國的併購活動主要發生於上市公司與非上市公司之間，而上市公司之間的併購活動較為少見；同時，併購活動中，處於買方地位的上市公司明顯多於處於賣方地位的上市公司，說明上市公司大多主動發起併購行為以實現做大企業或快速進入其他行業的目的。第二，製造業的 10 個次類間差異極大，這也提示在本書後面的統計分析與實證分析中，按照 22 個行業分類（12 個非製造業的行業加上 10 個製造業次類行業），並認為以往

實證研究中僅按13個門類的行業分析存在缺陷。第三，部分傳統行業，如木材、家具業、採掘業等，面臨著產業升級的壓力，處於這些行業的上市公司紛紛通過混合併購的方式涉足其他行業，尋找更多的盈利機會。第四，高知識密集型行業，如電子業、生物製品業、信息技術業等，很多研究人員認為，這些行業具有良好的市場前景，會有更多的其他行業公司進入，但是從統計結果而言，看不出此種趨勢。第五，金融保險業，在過去的10年中，發展極為迅速，公司質量通過兩次金融危機的洗禮而不斷提升，在併購方面並未表現出過多的衝動。第六，綜合類行業，其主並的活動發生頻率都高，但處於賣方地位的上市公司明顯多於處於買方地位的上市公司，這說明很多綜合類的上市公司已開始對自身產業進行整合，剝離非相關或盈利性差的部門，與多數上市公司多元化經營策略相悖，這是公司經營迴歸理性的一種反應。

2.2.3　併購公司的業績特徵

發起併購行為的上市公司，在併購前其自身業績如何，是研究併購經濟後果前十分重要的一個問題。衡量上市公司業績的指標很多，筆者在這裡選取最具代表性的兩個指標，即托賓 Q 值和淨資產收益率。托賓 Q 值是公司市場價值與重置價值的比值，度量了管理層的經營業績的好壞；淨資產收益率是一個財務會計指標，反應了股東投入公司的資產的收益情況，是衡量公司的一個最為核心的財務比率。

表2-6顯示主並公司併購前的3年和併購當年的托賓 Q 值與淨資產收益率的情況。由於不同年度、不同行業，公司面臨的宏觀環境和行業環境差異極大，因此本書通過年度行業調整，計算了調整後的托賓 Q 值和ROE[①]，並將其均值、中位數及其顯著性列示於表2-6之中。分析表中數據，我們可以看出：第一，經年度行業調整的托賓 Q 值在研究的4年中，無論均值還是中位數均顯著為負，說明發生併購活動的公司在併購前並不被市場認可，或者更直接地說就是經營業績較差；第二，經年度行業調整的淨資產收益率在研究的4年中，無論均值還是中位數都顯著為正，僅從財務指標來看，與托賓 Q 值得出相反之結論；第三，鑒於上市公司為其自身目的，在會計處理中存在盈餘管理的傾向，筆者推測托賓 Q 值的結論或許更符合現實，當然這還需要與併購後的業績情況結合分析，將在第3章中進一步分析加以印證。

[①]　具體計算方法將在第3章的實證研究中詳細說明。

表 2-6　主並公司的托賓 Q 值與淨資產收益率

年份	年度行業調整 Q 值			年度行業調整淨資產收益率		
	均值	P 值	中位數	均值	P 值	中位數
併購前 3 年	−0.057,9	0.000,0	−0.116,1***	0.023,5	0.000,0	0.034,9***
併購前 2 年	−0.040,3	0.000,0	−0.097,0***	0.019,9	0.000,0	0.042,8***
併購前 1 年	−0.050,1	0.000,0	−0.098,5***	0.018,4	0.001,1	0.040,5***
併購當年	−0.042,2	0.006,1	−0.104,4**	0.015,9	0.002,5	0.038,3***

註：在顯著性檢驗中，***、**、* 分別表示在 1%、5%、10% 的水準下顯著

2.2.4　併購公司的槓桿率特徵

國外併購的相關研究中，比較注重支付方式、融資方式對併購長短期績效的影響。國內對此的研究較少，主要是因為中國的併購公告中，上市公司對這兩個問題的披露較少，筆者在統計時發現，上市公司對這兩個問題披露的比例不足四成。此外，在已經披露的公告中，支付方式基本是現金支付，而融資方式基本是自有資金。

有的研究在分析併購的資金來源等問題時，注重的是對股東的影響。如朱滔（2007）指出上市公司再融資的 35% 的資金進入了發生併購的公司，由於併購的長期績效不佳，作者認為這是對股東的一種利益侵害。但筆者認為，併購資金來源，不能僅僅關注股票的再融資，還要涉及債權融資，而這將直接影響到債權人的利益。在此，本書將分析主並公司的資產負債率的情況，而併購對於債權人的影響將在第 4 章詳細探討。

表 2-7 列示了併購發生的前後 7 年內，主並公司資產負債率的變動，由於不同年度和不同行業的資本結構差異較大，筆者仍通過年度行業調整的方法計算了主並公司的資產負債率的均值與中位數。通過分析表中數據，可以看出：併購前主並公司的資產負債率低於平均水準，而在併購後則傾向於高於平均水準。同時，通過不同年度的資產負債率的變動分析，可以看出併購後上市公司的資產負債率明顯上升。筆者認為，併購活動需要大量的資金支撐，而這不僅表現於併購時的現金支付，而且表現於併購後企業整合過程中的資金需求。關於併購前後資產負債率的變動，筆者推測併購前資金主要源於股票的再融資，而併購後的資金則主要源於銀行借款，因此而造成了資產負債率的前低後高。本書將在第 4 章，結合併購前後籌資活動產生的現金流量的變動進一步分析併購對債權人的影響。

表 2-7 主並公司的資產負債率及變動情況

年度	均值	中位數	年度	均值	中位數
併購前 3 年	-0.026,7***	-0.033,2***			
併購前 2 年	-0.027,0***	-0.028,2**	併購前 2 年變化	0.002,5	-0.002,8
併購前 1 年	-0.036,8***	-0.036,3***	併購前 1 年變化	-0.001,7	-0.008,0
併購當年	-0.024,8***	-0.023,7***	併購年變化	0.015,3***	0.013,8***
併購後 1 年	-0.015,3***	-0.004,1***	併購後 1 年變化	0.009,8***	0.008,4***
併購後 2 年	0.001,1	0.001,3**	併購後 2 年變化	0.016,3***	0.011,2**
併購後 3 年	0.014,9**	0.015,5*	併購後 3 年變化	0.013,2***	0.020,8***

註：在顯著性檢驗中，***、**、*分別表示在1%、5%、10%的水準下顯著（下同）。

2.2.5 併購公司的其他特徵

在分析了公司併購的時間分佈、行業分佈、業績特徵和槓桿比率後，筆者認為還要關注併購交易的其他一些特徵，如主並公司與目標公司是否處於同一省份、是否存在關聯性、併購中的交易態度、控制權是否發生轉移、資產或股權的定價方式、交易的規模與總價、併購公司的企業性質等。這些情況列示在表 2-8～表 2-11 中。

通過四張表格，我們可以得出以下結論。

（1）主並公司傾向於併購本地區的目標公司，這可以通過表 2-8 的是否屬於同屬管轄的數據中看出。在國泰安數據庫中，以併購雙方是否處於同一省份來區分同屬管轄與否。我們雖不能主觀地認為同一個省份的企業間一定存在利益輸送或有地方政府的干預，但結合關聯交易的數據看，筆者推測中國的併購活動仍可能有非經濟因素的影響。當然這也不是什麼所謂的「政府過度干預」，推崇市場的美國在其五次併購浪潮中的非經濟因素仍然經常起到重要的作用，這在本章第 1 節中已經很明確。

（2）中國上市公司併購非上市公司過程中，極少發生敵意收購現象，在所有的統計中，只有 2001 年發生過兩起敵意的資產收購事件，在股權收購中從未發生。由於併購雙方態度為善意，在併購標的定價中，以非公開競價為主。在控制權的轉移方面，資產收購與股權收購差異明顯，絕大多數的資產收購都發生了控制權轉移，而股權收購中不轉移控制權佔有多數比重，這也影響了二者在交易總價方面的差異。

（3）表2-10列示了併購交易規模和交易總價的相關數據。交易規模主要是針對股權收購，指該次交易中上市公司收購目標公司的股權比例，平均而言，上市公司收購了目標公司近半數的股權（中位數約為41%，而均值約為46%），這也是股權交易中目標公司仍保持原有控制權的一個原因。在年度變動方面，交易規模有逐年下降的趨勢。

（4）交易總價是指併購中上市公司的支付金額，通過表2-10的數據，可以看出：第一，從分年度數據看，併購交易總價逐年上升，與併購公司數量呈同幅變動，在2007年開始呈現井噴之勢；第二，交易總價的均值遠大於中位數[1]，這說明併購中存在一些交易規模巨大的個案；第三，資產收購與股權收購的均值與中位數差異顯著，前者約為後者的兩倍，結合控制權轉移方面的差異，我們可以預測，目標公司規模在資產收購與股權收購中不存在明顯差異；第四，股權收購交易總價中位數大約為0.25億元，而交易規模的中位數約為41%，以此推算目標公司的總體價值為0.61億元左右，因此中國併購中目標公司規模較小。

（5）在併購公司的企業性質方面，表2-11列示了2004—2007年，在併購活動中處於買方地位和賣方地位的上市公司的企業性質分佈情況[2]，鑒於行業分佈中採用比率分析同樣的原因，我們不能僅僅從併購的絕對數量的角度看企業性質的差異，因此表2-11中也列示了2004—2007年所有上市公司的企業性質，通過相對比率的計算可以看出併購公司的企業性質分佈特徵。第一，中國的上市公司雖有11種分類，但主要是中央政府所有、地方政府所有、地方企業所有和個人或民營企業所有[3]，因此併購活動也主要集中於這四類公司；第二，從相對比率來看，四類公司不論在交易中處於買方地位還是賣方地位，均無顯著差異，4年平均而言，四類處於買方地位的上市公司占所屬分類的比重依次為27%、29%、26%和30%，而處於賣方地位的比重為25%、28%、28%和31%。因此僅從分佈特徵上，我們無從看出所謂的「地方政府過度干預」的問題存在，筆者在後面幾章的實證分析中將繼續探討此問題。

---

[1] 為避免數據繁瑣，在表2-10中並未列明均值與中位數的顯著性，在筆者的統計檢驗中，所有的數值均在1%的水準下通過了顯著性檢驗。

[2] 該數據來自Wind數據庫。

[3] 這裡的地方企業的終極所有人均為地方政府，因此地方企業所有與地方政府所有的上市公司無顯著差異。

表 2-8 併購公司的交易情況 1

單位：次數

年度	總樣本	同屬管轄	非同屬管轄	不明確	關聯交易	非關聯交易	不明確
全部	7,013	4,082	1,772	1,159	3,237	1,850	1,926
2001	462	341	98	23	266	100	96
2002	545	352	142	51	305	150	90
2003	533	376	136	21	285	154	94
2004	588	427	130	31	315	131	142
2005	450	311	119	20	272	73	105
2006	542	293	118	131	292	109	141
2007	1,190	685	326	179	512	384	294
2008	1,422	721	408	293	568	365	489
2009	1,281	576	295	410	422	384	475

表 2-9 主並公司的交易情況 2

單位：次數

年度	併購數量	交易態度 善意	交易態度 敵意	控制權是否發生轉移 轉移	控制權是否發生轉移 未轉移	控制權是否發生轉移 未知	是否公開競價 是	是否公開競價 否	是否公開競價 未公布
資產收購									
2004	180	178	2	178	2	0	9	171	0
2005	150	150	0	128	5	17	9	98	43
2006	147	147	0	96	51	0	13	133	1
2007	391	391	0	383	6	2	105	255	31
2008	459	459	0	418	40	1	75	205	179
2009	352	352	0	345	4	3	104	173	75
股權收購									
2004	408	408	0	68	295	45	7	294	107
2005	300	300	0	89	158	53	14	275	11
2006	395	395	0	80	283	32	23	370	2
2007	799	799	0	268	417	114	350	405	44
2008	963	963	0	242	693	28	215	518	230
2009	929	929	0	183	742	5	154	654	121

表 2-10　主並公司的交易情況 3

交易總價（全部）				交易規模			
年份	N	均值/元	中位數/元	年份	N	均值/元	中位數/元
2001	448	131,000,000	32,000,000	2001	275	49.83	51
2002	506	117,000,000	25,000,000	2002	334	48.13	49
2003	482	117,000,000	30,000,000	2003	340	48.72	47.95
2004	518	153,000,000	27,900,000	2004	368	43.71	40.5
2005	385	135,000,000	22,900,000	2005	290	46.42	40.895
2006	468	162,000,000	31,500,000	2006	363	44.37	40
2007	973	425,000,000	40,000,000	2007	748	45.21	39.185
2008	1,015	357,000,000	35,300,000	2008	913	46.58	40
2009	1,016	678,000,000	38,300,000	2009	877	46.28	37.87
合計	5,811	318,000,000	31,500,000	合計	4,508	46.35	40.795
交易總價（資產收購）				交易總價（股權收購）			
年份	N	均值/元	中位數/元	年份	N	均值/元	中位數/元
2001	157	213,000,000	49,200,000	2001	292	86,000,000	28,700,000
2002	172	193,000,000	36,500,000	2002	336	77,900,000	20,200,000
2003	156	190,000,000	41,000,000	2003	327	82,200,000	25,000,000
2004	163	336,000,000	45,600,000	2004	368	72,000,000	20,600,000
2005	136	180,000,000	26,100,000	2005	259	111,000,000	21,700,000
2006	130	247,000,000	60,000,000	2006	346	131,000,000	24,900,000
2007	328	742,000,000	110,000,000	2007	652	265,000,000	27,400,000
2008	323	678,000,000	59,600,000	2008	699	209,000,000	25,100,000
2009	264	1,090,000,000	58,900,000	2009	764	537,000,000	28,200,000
合計	1,829	523,000,000	54,200,000	合計	4,043	225,000,000	25,000,000

表 2-11　併購公司企業性質

單位：個

控股股東性質	主並公司					目標公司					全部上市公司				
	2004年	2005年	2006年	2007年	合計	2004年	2005年	2006年	2007年	合計	2004年	2005年	2006年	2007年	合計
國資委、央企、中央機關	57	46	51	104	258	58	51	53	73	235	214	225	247	263	949
地方國資委	117	97	112	198	524	111	120	114	154	499	402	420	462	495	1,779
地方企業	76	57	28	69	230	87	65	40	49	241	292	241	178	155	866
個人	94	82	120	203	499	122	106	131	161	520	350	366	420	529	1,665
金融企業	3	1	5	3	12	3	3	2	3	11	12	12	13	11	48
境外	3	1	4	8	16	3	2	3	9	17	11	11	9	16	47
職工持股會	3	3	4	6	16	2	5	3	6	16	14	17	17	14	62
大學（中央）	5	4	11	9	29	13	11	11	12	47	25	27	24	20	96
集體企業	7	2	3	7	19	7	4	4	10	25	23	22	22	26	93
社會團體	0	1	0	3	4	1	2	1	3	7	5	5	5	5	20
其他	0	0	1	1	2	1	0	0	3	4	5	5	5	11	26

2.3 小結

在本章中，通過對美國五次併購浪潮進行梳理並進行統計分析，總結出併購事件的發生與經濟發展息息相關；隨著經濟的發展，併購事件數量逐漸增加、規模逐步擴大；它也受併購主體及各利益相關者的利益驅動影響和非經濟因素，如政治、法律等的影響。

同時，本章對中國上市公司併購事件從時間分佈、行業分佈、主並公司經營業績以及併購前後資產負債率、對併購交易比例和支付方式等交易特徵進行統計檢驗並分析，可總結如下內容。

（1）從併購發生的年度分佈來看，併購和經濟形勢與股市漲跌存在滯後效應；從月份分佈來看，並不存在機會主義傾向。

（2）從併購行業分佈可看出，傳統行業如木材、家具業、採掘業等，為緩解產業升級的壓力，大多通過併購涉足其他行業，尋找更多的盈利機會。而知識密集型行業，如電子業、信息技術業等具有良好的市場前景，其他行業公司進入較多。

（3）通過對併購前後 3 年上市公司托賓 Q 值和淨資產收益率的分析，發現主並公司在併購前經營業績通常較差，通過併購能達到盈餘管理的效果。

（4）通過對併購前後 3 年上市公司資產負債率的調整並分析，推測出併購前主並公司的資產負債率低於行業平均水準，而在併購後則傾向於高於行業平均水準，說明併購後需要的大量的資金支撐主要來源於外部借款。

（5）併購雙方一般都處於同屬管轄，關聯交易較多，基本都屬於善意併購，大多採取非公開競價的方式，在資產收購中大多會發生控制權轉移而在股權收購中則大多不會發生控制權轉移。從併購上市公司企業性質分佈特徵發現，買方企業和賣方企業性質比例分佈相當，差異變化不大，從而否認了所謂的「地方政府過度干預」之說。

（6）從利益相關者的角度考察，併購涉及的利益主體主要限於股東、債權人和管理層。其中，20 世紀 90 年代以前，由於企業財務目標主要遵循「股東財富最大化」，因此相關併購事項基本上都是從增加股東財富角度考慮的，特別是 80 年代，由於大規模地使用垃圾債券進行融資併購，從而使得股東獲利的同時，嚴重威脅到了債權人的利益。同時，管理層也是併購的主要受益者，體現在他們作為內在於企業的管理者，利用控制權優勢，在併購交易中獲

得了巨大的私人收益。在中國，可以說，黨的十五大以前的企業併購，基本是從維護政府利益出發的，大量的兼併或收購都是政府出於消除虧損企業，或減輕財政負擔方面考慮的，雖然不存在政府過度干預，但也始終帶有不同程度的行政干預的色彩，與此同時，銀行在這期間由於受命於債務重組，而發生了不同程度的利益流失。黨的十五大後，特別是1998年興起的管理層收購，卻又導致財富在不同程度上從政府向管理層轉移，即所謂的國有資產流失。

3 併購對股東的影響

研究公司併購的經濟後果，我們首先要關注的是股東。從法律角度看，股東是公司的終極所有人，從經濟角度看，股東承受的風險高於其他利益相關者。應該指出，對於控股股東而言，併購的財富效應包括控制權收益和股價上漲的收益，而中小股東則只能得到後者。控制權收益的計量一直是實證研究的難題，因此本章主要研究的是企業併購所引起的短期股價波動和長期的托賓 Q 值及淨資產收益率的變動，以此說明併購對中小股東的長短期財富效應的影響。

3.1 研究樣本

本章數據主要來源於國泰安 CSMAR 數據庫，部分補充資料源自 Wind 數據庫和上交所及深交所網站。

本章的研究樣本是 2004—2007 年 4 年間，上市公司作為主並方所發生的所有資產收購和股權收購事件，總計 2,770 起。在此基礎上，根據研究的目的按如下標準對樣本事件進行了篩選。

(1) 剔除所有以 2 和 9 開頭的上市公司樣本，使研究對象集中於 A 股市場。

(2) 若同一年度、同一家上市公司發生多次併購行為，則僅取第一次併購事件作為研究對象。

(3) 合併同一上市公司、同一公告日的多次併購事件。

(4) 鑒於金融保險業的特殊性，將之從樣本中剔除。

通過以上處理後可得到 1,275 起併購事件作為本章研究的有效樣本事件。

3.2 併購公司股東的短期財富效應

本書在1.3節中已經介紹了併購公司股東短期財富效應的計算方法，即超常累計收益率法。在具體計算中，有三種衡量正常收益的方法，為了保證研究結果的穩健性，本章分別採用了市場調整法和市場模型法進行檢驗，其結果基本一致，因此在下文中僅提供市場模型法的數據。

3.2.1 主並公司短期的超常收益

短期事件研究中，事件窗口如何選擇是個仁者見仁、智者見智的事情。美國學者鑒於其資本市場的半強有效性，多採用［-1, 1］3天作為研究時段。而中國的資本市場無法達到此種效率，實證研究中一般採取了更長的事件窗口。收購不是一蹴而就的事情，因此在整個收購的準備與實施階段，市場已經開始吸收消化相關信息。很多研究者，如張新（2003）、李善民等（2003，2004，2005）、朱滔（2007）都發現，併購公告前的60個交易日，公司的超常累積收益開始顯著，因此筆者也計算了併購公告前後60個交易日內主並公司的平均超常收益（AAR）和超常累積收益，並在圖3-1至圖3-7中繪製了計算結果。

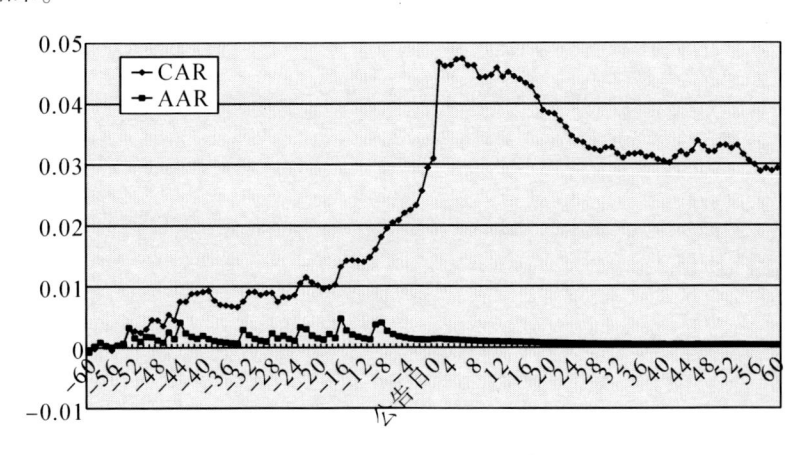

圖3-1 全部主並公司的 CAR 與 AAR

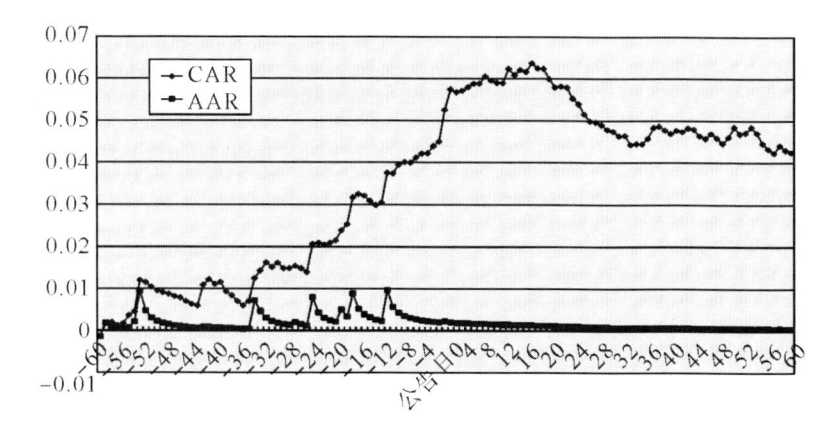

圖 3-2　全部資產收購公司 CAR 與 AAR

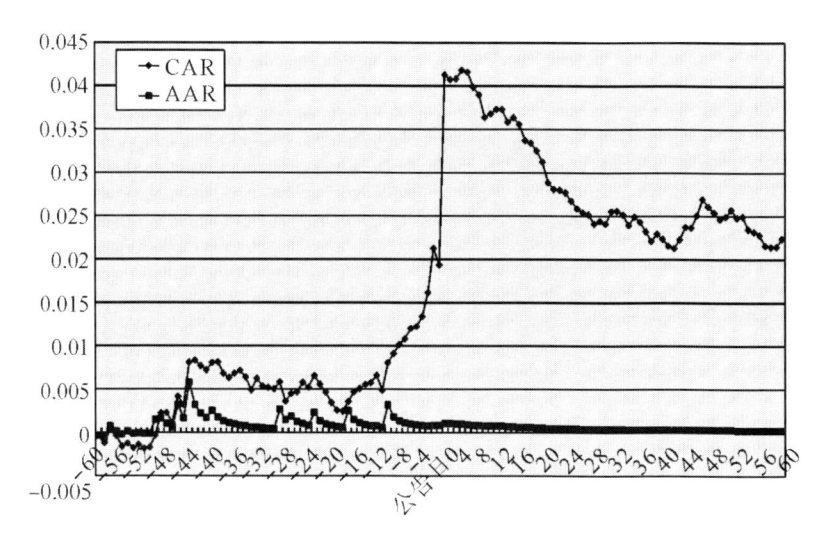

圖 3-3　全部股權收購公司 CAR 與 AAR

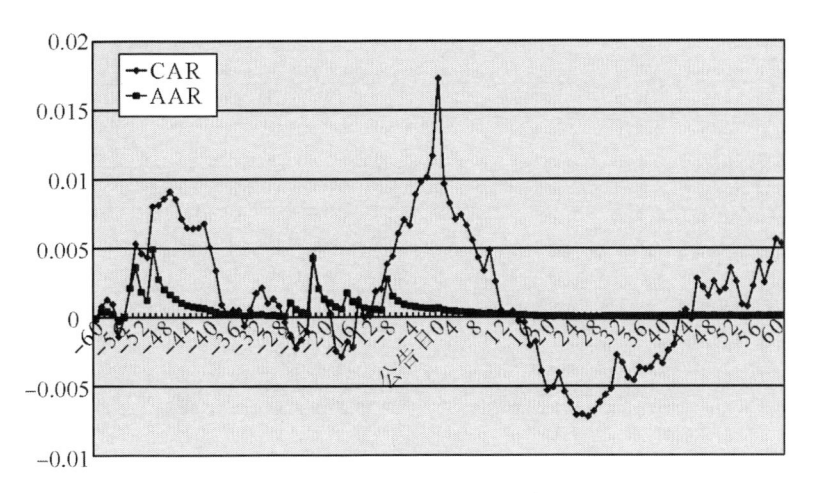

圖 3-4　2004 年主並公司 CAR 與 AAR

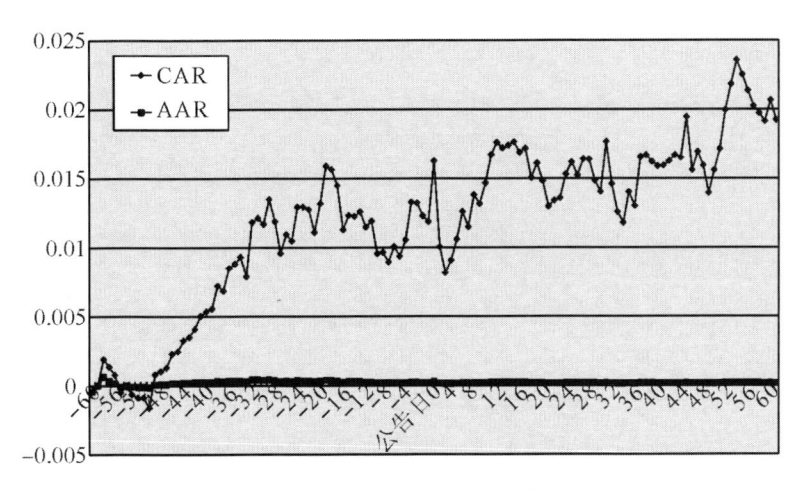

圖 3-5　2005 年主並公司 CAR 與 AAR

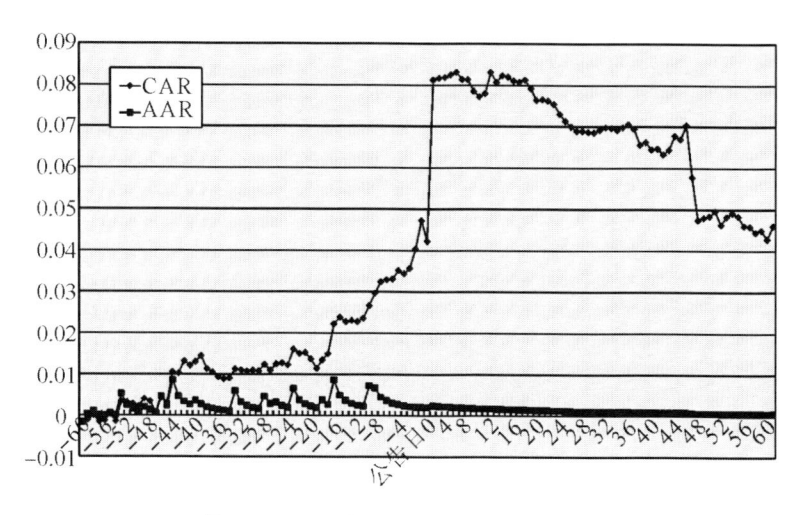

圖 3-6　2006 年主並公司 CAR 與 AAR

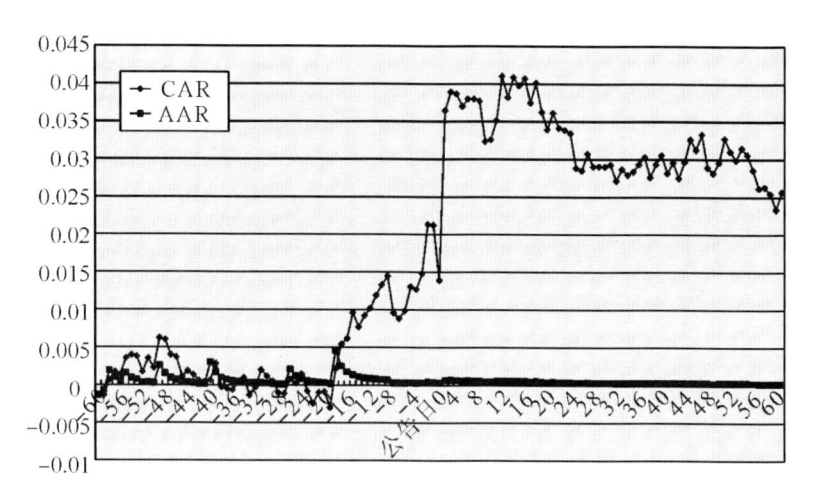

圖 3-7　2007 年主並公司 CAR 與 AAR

　　圖 3-1 是全部主並公司的 CAR 和 AAR，可以看出，就整體而言，主並公司股東獲得了正的超常收益，且 CAR 在併購公告前 60 個交易日左右就開始上升，這進一步證實了以往的研究結果，即併購的消息在公告前已經提前被市場獲知。在併購公告前的一兩個交易日，超常收益顯著上升，而公告發布後，CAR 開始逐步下降，尤其在公告後的 10~30 個交易日下降得尤為顯著。這說明，從短線炒作看，公告日後購買主並公司股票已經無利可圖。同時我們也可以推測，併購公告前，市場存在過度炒作的現象。

　　對比圖 3-2 和圖 3-3，可以看出，資產收購和股權收購對主並公司股東的

影響差異較大，資產收購的 CAR 最高超過 6%，明顯高於股權收購的 4.2%。同時，在公告日附近，資產收購的波動性顯著小於股權收購，可能是由於市場對股權收購的炒作更為明顯。

從分年度的數據看，圖 3-6 和圖 3-7 是 2006 年和 2007 年的 CAR 和 AAR，基本服從於整體的分佈。而在前兩年，尤其是 2004 年，併購事件的超常累計收益幾乎無規律可言。為何出現此種年度差異，筆者推測，這一現象可能與股市的繁榮與否相關。2004 年股市中彌漫著悲觀的氣氛，救市政策屢屢失效，理論界與實務界紛紛唱衰股市，如其間頗有人氣的郎咸平，在此種情況下，市場對各類信息包括併購信息缺乏熱情；而在牛氣衝天的 2006 年和 2007 年，併購事件再度成為市場的熱點問題，受到投資者的極大關注，甚至出現了過度炒作的問題。

3.2.2 主並公司短期 CAR 的統計檢驗

圖 3-1 至圖 3-7 是關於主並公司短期超常累積收益的直觀認識，表 3-1 是關於超常累積收益的統計檢驗結果。

從全樣本數據來看，各個事件窗口 CAR 的均值顯著為正，但中位數顯著為負。在相關文獻中，筆者並未發現這一研究結果。為避免數據處理與計算的問題，筆者用市場調整法、市場模型法分別計算，同時對數據進行 1%、2%、3% 的縮尾處理（winsorize），結論都未發生變化，因此筆者的結論應該是穩健的。為找出均值與中位數不一致的原因，筆者對樣本按不同標準分組，如表 3-1 中已經列示的資產收購與股權收購，再如上市公司的企業性質、併購交易總價、交易總價佔主並公司總資產的比重、交易規模、是否屬於同屬管轄、是否屬於關聯交易、赫芬達指數等，均未系統改變均值為正和中位數為負的結論。因此，筆者認為，出現這一現象的原因，是由於市場對不同併購事件的反應程度不同，整體而言，更多的主並公司股東會因併購而遭受損失，因此 CAR 的中位數顯著為負，另外，因併購而獲利的公司數量雖然相對較少，但整體盈利股東的獲利程度卻高於整體受損股東的損失程度，由此 CAR 的均值顯著為正。

從資產收購與股權收購的 CAR 比較來看，在較短的事件窗口內，股權收購為股東帶來更多的收益，但在較長的窗口時段內，資產收購的收益更高。造成這一現象的原因，在圖 3-2 和圖 3-3 的比較中已經顯現，即從整體而言市場更加認可資產收購，但在較短的時段中，股權收購事件的市場炒作現象更加嚴重。

表 3-1 主並公司股東的短期財富效應（CAR）的統計檢驗

CAR	全樣本			資產收購			股權收購		
	N	均值	中位數	N	均值	中位數	N	均值	中位數

欄目 1：2004—2007 年

CAR	N	均值	中位數	N	均值	中位數	N	均值	中位數
CAR11	1,275	0.026,60***	−0.003,27***	438	0.018,79*	−0.003,66**	837	0.030,79**	−0.003,20*
CAR21	1,275	0.029,96***	−0.006,09***	438	0.028,60*	−0.001,31**	837	0.030,73**	−0.007,01*
CAR41	1,275	0.027,88***	−0.011,04***	438	0.037,95*	−0.004,54**	837	0.022,55*	−0.015,20*
CAR61	1,275	0.023,70***	−0.016,72***	438	0.031,36*	−0.013,37**	837	0.020,22	−0.019,70
CAR121	1,275	0.029,32***	−0.023,66***	438	0.043,45*	−0.013,51**	837	0.022,38*	−0.030,69*

欄目 2：2004—2005 年

CAR	N	均值	中位數	N	均值	中位數	N	均值	中位數
CAR11	630	−0.000,32	−0.005,69***	229	−0.003,75	−0.006,21	401	0.001,77	−0.005,45
CAR21	630	0.001,47	−0.005,18***	229	−0.001,69	−0.001,27	401	0.003,32	−0.006,22
CAR41	630	−0.002,87	−0.003,91***	229	0.001,05	0.000,62	401	−0.005,22	−0.005,02
CAR61	630	−0.001,35*	−0.007,20***	229	−0.003,04	−0.009,97	401	−0.000,61	−0.003,01
CAR121	630	0.013,58	−0.000,92***	229	0.015,19	0.003,20	401	0.012,51	−0.003,23

欄目 3：2006—2007 年

CAR	N	均值	中位數	N	均值	中位數	N	均值	中位數
CAR11	645	0.052,90***	0.001,51***	209	0.043,50**	4.00E−06**	436	0.057,48**	0.002,74**
CAR21	645	0.057,79***	−0.007,32***	209	0.061,79**	−0.006,22**	436	0.055,94**	−0.008,94**
CAR41	645	0.057,91***	−0.023,84***	209	0.078,38**	−0.013,65**	436	0.048,09*	−0.026,32*
CAR61	645	0.048,90***	−0.030,22***	209	0.069,05**	−0.023,77*	436	0.039,38*	−0.039,51*
CAR121	645	0.045,38***	−0.063,38***	209	0.074,41**	−0.044,6**	436	0.031,47	−0.072,42

註：CAR11、CAR21、CAR41、CAR61、CAR121 相對應的事件窗口分別為 [−5, 5]、[−10, 10]、[−20, 20]、[−30, 30]、[−60, 60]；樣本的均值和中位數分別採用單樣本 t 檢驗和 Wilcoxon 檢驗。

从 CAR 的年度分佈來看，在 2004 年和 2005 年的熊市年份，超額累計收益的均值和中位數均不顯著，而在 2006 年和 2007 年的牛市年份中，又顯現出 CAR 均值顯著為正而中位數顯著為負的現象。通過 2006—2007 年的數據與全樣本數據統計結果的比較，從均值角度來看，差異明顯，即牛市中，主並公司為股東獲得了更多的平均收益，而從中位數角度來看，差異不大。因此年度數據表明，併購事件在牛市中放大了股東的短期財富效應。

3.3 併購公司股東的長期財富效應

3.3.1 研究方法的選擇

併購活動對主並公司股東的長期財富效應的衡量主要可以採用三種方法，即會計指標研究法、托賓 Q 值法和長期事件研究法。

長期事件研究中的 CAR 法，在第一章已經談及其缺陷，即數月甚至數年的時間窗口內，無法排除噪聲的影響。而對於 BHAR 法，其計算結果的有效性取決於參照組的選擇，在目前的國內相關研究中，基本上是按主並公司市值規模（或總資產規模）和市淨比兩個標準，將所有上市公司分成 25 組。究其緣由，無外乎國外學者大多如此操作，其中有最著名的學者是法瑪（Fama）。1992 年，其與弗倫奇合著文章 *The Cross-Section of Expected Stock Returns*，雖然內容主要是抨擊 CAPM 的解釋力，但是同時也指出了市值規模和市場價值/帳面價值的比值對股票收益的解釋能力，對以後長期事件研究產生了巨大影響。而這兩個指標的解釋力是否適合中國的資本市場以及為何它們在長期事件研究中運用得到的結論差異較大，這個問題沒有學者進行專門研究或考證。鑒於此，筆者放棄此研究方法，選擇會計指標研究法和托賓 Q 值法。

3.3.2 托賓 Q 值與 ROE 的計算和調整

托賓 Q 是公司市場價值與資產重置成本比率，由著名經濟學家詹姆斯·托賓於 1969 年提出。該理論本來是為說明股票價格與投資支出的關聯性，後來被多個學科借鑑推演。從公司財務和公司治理角度，托賓 Q 度量了管理層經營業績的好壞。

在公司財務相關的實證研究中，關於 Q 值的計算，西方很多學者提供了較為細緻的處理方法，如 Lang 和 Litzenberger (1989)、Chung 和 Pruitt (1994) 等。一般而言，不論是近似的計算方法還是細緻的計算方法，在結論上通常是

高度相關的，因此在本書的研究中，Q 值的計算公式為

$$Q = \frac{流通股市值+非流通股價值+負債帳面價值}{總資產帳面價值}$$

其中：非流通股價值＝非流通股數×每股淨資產

會計指標研究法中，筆者採用了淨資產收益率作為代表。Q 值和 ROE 的數據均來源於國泰安數據庫。①

由於研究的公司樣本處於不同的年度，在此情況下，Q 值和 ROE 的數據屬於面板數據（panel data），牛市年度 Q 值普遍上升，因此必須消除年度間數據差異。此外，不同行業間也存在較大差異，根據筆者的統計計算，高 Q 值的行業集中於採掘業，金融保險業和交通運輸、倉儲業等，而低 Q 值的行業集中於傳播文化產業，造紙、印刷業，紡織、服裝、皮毛業等，正如 Barnes（2000）指出，行業平均值調整的指標數據具有更好的正態性，比統計方法的選擇本身更為重要。因此，在本書中，筆者對 Q 值和 ROE 的數據均進行了年度行業調整。

以年度行業調整 Q 值為例，其調整結果為公司實際的 Q 值減去同一年度內同行業所有上市公司的 Q 值平均數。在行業分類中，筆者是按第 2 章所指出的，採用 21 個行業分類（11 個非製造業的行業加上 10 個製造業次類行業）（已剔除金融業），同時在實際計算中為消除極端值的影響，採用了縮尾處理方法。

3.3.3 統計檢驗結果及分析

在上一章關於主並公司業績特徵的分析中，已經看到托賓 Q 值和 ROE 的結論並不一致，由於會計報表是上市公司自己出具的「成績單」，會計指標有一定的主觀成分。所以我們更傾向於市場評價的認可，即相信託賓 Q 值給出的結論，主並公司多是行業內經營業績較差的公司，同時我們也可以推測，因為發動併購需要對外融資，從而主並公司有粉飾報表的傾向。

在表 3-2 中，詳細列示了併購事件發生當年和前後 3 年的年度行業調整 Q 值和 ROE，以及併購後調整值相對其上年調整值的變動。

從調整後數值看，併購前後 7 年的托賓 Q 值，不論均值還是中位數均為負值，除了併購後第 3 年，其他都在 1% 的水準上通過了顯著性檢驗。這說明，不論併購前還是併購後，市場均認為發起併購活動的公司經營業績較差。在

---

① 國泰安數據庫中本來提供了四種托賓 Q 值的計算結果，其托賓 Q 值 A 的計算方法與本書一致，因此數據可以直接取得，對於其他三種 Q 值，可以在穩健性檢驗中使用。

ROE方面，併購後均值與中位數正負不定，且均不顯著（統計檢驗中的 P 值很多超過 0.5），這進一步說明，併購後融資壓力的減輕，使主並公司放鬆了對報表的粉飾。[①]

表 3-2 併購前後 Q 值、ROE 及其變動

年份	年度行業調整 Q 值 均值	年度行業調整 Q 值 中位數	年度行業調整淨資產收益率 均值	年度行業調整淨資產收益率 中位數
年度行業調整值				
併購前 3 年	-0.057,9***	-0.116,1***	0.023,5***	0.034,9***
併購前 2 年	-0.040,3***	-0.097,0***	0.019,9***	0.042,8***
併購前 1 年	-0.050,1***	-0.098,5***	0.018,4***	0.040,5***
併購當年	-0.042,2***	-0.104,4**	0.015,9***	0.038,3***
併購後 1 年	-0.081,0***	-0.149,0***	0.001,7	0.033,0
併購後 2 年	-0.096,4***	-0.225,5***	-0.001,1	0.021,1
併購後 3 年	-0.026,6	-0.286,9	-0.004,3	0.008,3
調整值相對前一年的變化				
併購後 1 年	-0.039,0**	-0.040,7*	-0.015,1	-0.011,9
併購後 2 年	-0.015,3	-0.072,5	-0.002,5	-0.018,3
併購後 3 年	0.069,7	-0.077,6	-0.003,0	-0.015,7

從調整值的變動額看，無論 Q 值還是 ROE 均有下降的傾向，但除併購後第 1 年的 Q 值相對併購當年顯著下降外，其他數據均不顯著。

綜上所述，我們可以得出結論，併購活動從長期來看，沒有提高主並公司股東的財富，並有負的財富效應傾向。

3.4 長短期財富效應的關係與影響因素分析

通過 3.2 節、3.3 節兩節的分析，我們發現併購活動不論從短期還是長期

[①] 應該指出，併購後公司在整合過程中，仍需要資金支持，而在後文的研究中可以看到，併購後外部融資多源於銀行借款，相對於股票再融資，主並公司盈餘管理的壓力下降。

而言，都未給主並公司的流通股股東帶來顯著的收益。本節中將進一步研究併購與股東的長短期財富效應的關係以及影響財富效應的因素。

3.4.1 主並公司流通股股東長短期財富效應的關係

併購事件的發生向市場傳遞了新的信息，股價隨之產生波動，給主並公司的股東帶來短期的財富效應，本書用 CAR 來衡量。併購後，主並公司要進行整合，這影響了隨後的公司價值，本書使用托賓 Q 值和會計指標 ROE 來衡量。股價的短期波動，是對併購信息的一種理性反應還是過度反應抑或是反應不足，我們可以通過 CAR 與 Q 值或 ROE 的關係進一步研究。

表 3-3 和表 3-4 是關於各個時間窗口內的 CAR 對併購後托賓 Q 值變動及 ROE 變動的迴歸結果。我們可以看出以下特點：第一，在 [-5, 5]、[-10, 10]、[-20, 20]、[-30, 30]、[-60, 60] 五個事件窗口內的 CAR 對併購後 1~2 年的年度行業調整後的托賓 Q 的變動反應顯著，並為負相關關係，而對併購後第 3 年的 Q 值變動基本無反應。不同事件窗口的結果一致源於不同窗口內的 CAR 間顯著正相關，這也可以通過表 3-5 的 Pearson 相關係數看出端倪。第二，不同的年份，CAR 與托賓 Q 變動值的關係有顯著差異，在 2004 和 2005 年中，二者關係極端不顯著，而在 2006 和 2007 年，二者的負相關關係顯著（指併購後前兩年）[①]。第三，不同事件窗口的 CAR 與經年度行業調整的 ROE 的變動關係極端不顯著。

表 3-3 CAR 與托賓 Q 的關係

變量	CAR11	CAR21	CAR41	CAR61	CAR121	CAR11 (04-05)	CAR11 (06-07)
Intercept	0.014,6	0.014,8	0.013,1	0.008,6	0.012,3	0.001,1	0.029,2
T	4.78***	3.58***	2.28**	1.28	1.36	0.37	5.51***
$\Delta Q1$	-0.023,3	-0.029,0	-0.036,3	-0.047,2	-0.044,3	0.001,0	-0.030,5
T	-4.32***	-3.97***	-3.6***	-3.97***	-2.27**	0.89	-4.0***
$\Delta Q2$	-0.007,1	-0.012,4	-0.017,5	-0.016,5	-0.031,6	0.000,57	-0.015,3
T	-1.45	-1.88*	-1.9*	-1.53	-2.18**	0.09	-1.96**
$\Delta Q3$	-0.000,5	0.000,8	0.005,7	0.006,1	0.010,8	0.001,6	-0.000,6

[①] 為避免數據繁瑣，表中僅列示了 [-5, 5] 事件窗口內 CAR 的迴歸結果，對於其他四個事件窗口 CAR 的迴歸結果與值相一致。

表3-3(續)

變量	CAR11	CAR21	CAR41	CAR61	CAR121	CAR11 (04-05)	CAR11 (06-07)
T	-0.16	0.19	0.93	0.85	1.12	0.47	-0.1
N	1,266	1,266	1,266	1,266	1,266	626	640

表 3-4　CAR 與 ROE 的關係

變量	CAR11	CAR21	CAR41	CAR61	CAR121	CAR11 (04-05)	CAR11 (06-07)
Intercept	0.015,7	0.016,4	0.015,4	0.010,5	0.013,4	0.000,3	0.030,5
T	5.1***	3.93***	2.67***	1.55	1.47	0.12	5.7***
ΔROE1	0.005,0	0.002,0	-0.008,3	-0.029,2	-0.110,1	-0.013,4	0.024,2
T	0.32	0.09	-0.28	-1.31	-2.39***	-1.03	0.77
ΔROE2	0.000,9	-0.011,7	-0.027,8	-0.059,5	-0.095,5	0.003,0	-0.014,5
T	0.05	-0.5	-0.87	-1.58	-1.89*	0.22	-0.4
ΔROE3	-0.007,1	-0.013,9	-0.000,4	-0.045,0	-0.069,6	0.006,8	-0.037,0
T	-0.43	-0.62	-0.01	-0.8	-1.43	0.5	-1.1
N	1,264	1,264	1,264	1,264	1,264	626	638

表 3-5　不同事件窗口期的 CAR 的 Pearson 相關係數

相關係數	CAR11	CAR21	CAR41	CAR61	CAR121
CAR11	1				
CAR21	0.785,8	1			
CAR41	0.574,3	0.757,8	1		
CAR61	0.463,7	0.630,4	0.840,4	1	
CAR121	0.300,7	0.454,0	0.606,3	0.703,8	1

因此，我們可以得出如下的結論：

（1）整體而言，併購的短期績效缺乏對長期績效的預測能力。併購後第3年的托賓 Q 值與 CAR 無顯著關係，說明短期績效無法對3年後績效變動進行預測，這當然與市場的有限理性相關；併購後前兩年的托賓 Q 值與 CAR 的顯著負相關關係，證明了併購的短期績效源於市場的過度反應。

（2）從年度統計結果看，2004—2005 與 2006—2007 兩個時間段存在顯著差異。這進一步證明了筆者前面的兩個觀點：一是在牛市與熊市的不同階段，

市場對併購題材的關注程度不一，熊市中的投資者在悲觀的氛圍中，對很多信息反應冷淡；二是在牛市階段，市場極為關注併購題材，並對之產生過度反應。

（3）從 CAR 與 ROE 的關係看，可以進一步驗證上市公司盈餘管理的傾向性。短期內市場對未來的績效缺乏預測力，更無從知曉上市公司如何粉飾報表。

3.4.2 CAR 的影響因素分析

影響主並公司股東長短期財富的因素很多，在這裡筆者並不試圖挖掘所有的因素，而是從主並公司和併購事件本身的相關特徵點出發，研究其對 CAR 和托賓 Q 值的影響。

結合第 2 章關於中國併購公司特徵的分析，筆者認為可能的影響因素包括以下幾個方面：①併購標的物的差異，即股權收購與資產收購這兩類併購活動的市場反應不同，這在圖 3-2 和圖 3-3 中可見端倪；②交易總價和交易規模的差異；③主並公司與目標公司間的關係，如是否處於同一地區，併購中是否存在關聯交易；④主並公司的企業性質，Wind 數據庫按控股股東性質將之分為中央政府所有、地方政府所有、地方企業所有、個人/私營企業所有等 11 個類別，鑒於地方企業均為地方政府所有，同時其他 7 類數量相對極少，筆者在這裡將主並公司的企業性質分為 4 類，即中央政府所有、地方政府所有、個人所有和其他；⑤流通股比例；⑥年度差異；⑦行業差異（剔除金融保險業）。

被解釋變量 CAR 的計算在前面已經詳細說明，而各解釋變量的計算如表 3-6 所示。研究數據主要來源於國泰安數據庫，部分來自 Wind 數據庫，為避免極端值的影響，對相關變量進行了縮尾處理。

表 3-6　解釋變量及其說明

併購標的	若為資產收購取值為 1，若為股權收購取值為 0
交易總價比率	Ln［1+（主並公司支付金額/主並公司當年總資產）］
交易規模	本次交易主並公司收購目標公司的股權比例（此變量僅適用於股權收購）
同屬管轄與否	買賣雙方若為同一省份，取值為 1，否則取值為 0
是否存在關聯交易	涉及關聯交易取值為 1，否則取值為 0

表3-6(續)

主並公司性質	設三個虛擬變量，主並公司為中央政府所有，則 type1＝1，其他為 0；主並公司為地方政府所有，則 type2＝1，其他為 0；主並公司為個人或私營企業所有，則 type3＝1，其他為 0
流通股比例	流通股股數/總股數
年度差異	若併購發生於 2006 年或 2007 年，取值為 1，否則為 0
行業差異	將上市公司分為 21 個行業，則有 20 個虛擬變量

表 3-7 是各模型的迴歸結果，通過分析我們發現：

(1) 從整體上看，各個模型的擬合優度較低，最大僅為 4.61%，但除了 [-30, 30] 的事件窗口外，其他迴歸模型的 F 統計量均顯著，這一結果是可以理解的。前文已指出，我們研究的目的不是挖掘影響併購短期績效的所有因素，而是分析主並公司相關特徵與其股東短期財富效應的關係。顯著的 F 值，使我們無法拒絕所有解釋變量對 CAR 不產生影響的原假設。

(2) 在諸多解釋變量中，交易總價比率對 CAR 的影響最為顯著。迴歸中，我們以併購活動中主並公司支付的金額占其當年總資產來衡量交易總價比率。迴歸結果顯示，該比率上升 1%，各事件窗口內的 CAR 會提高 3.6~4.9 個百分點。

(3) 主並公司的短期績效存在明顯的年度差異，2006—2007 年的牛市年度中，CAR 顯著高於 2004—2005 年的熊市年度。這進一步驗證了前文的推測，即熊市中，投資者對各種信息缺乏熱情，而在牛市中，併購卻成為一個重要的炒作題材。

(4) 併購標的的差異，僅對極短的事件窗口內的 CAR 產生影響，而在超過 20 天以上的時段內，二者並無顯著差異。在 [-5, 5] 時段上，資產收購引發的超常累積收益顯著低於股權收購，這也印證了圖 3-2 和圖 3-3 的推測，即在併購公告日附近，市場對股權收購的公司進行了較多的炒作。

(5) 同屬管轄、關聯交易、主並公司的企業性質這三類經常受到關注的特徵，對 CAR 並無顯著影響。筆者推測原因有兩種：一種是由於中國資本市場仍未達到半強勢有效，無法對所有公開信息進行解讀；另一種是即便資本市場已達到半強勢有效，但市場無法獲取內部信息，如內部交易，或是政治因素，如是否屬於政府干預的國企併購，市場無法判斷併購行為到底是對上市公司的「支持行為」還是「掏空行為」。

表 3-7　CAR 影響因素迴歸分析

變量	CAR11	CAR21	CAR41	CAR61	CAR121	CAR11
併購標的	-0.015,0	-0.002,2	0.003,7	0.000,1	-0.009,4	
	-2.08**	-0.22	0.27	0.01	-0.43	
交易總價比率	0.036,2	0.045,2	0.045	-0.010,0	0.049,4	0.022,0
	5.38***	4.89***	3.67***	-0.51	2.42***	2.34**
交易規模						0.000,1
						0.94
同屬管轄	-0.009,3	-0.003,4	0.001,4	-0.041,0	0.009,4	-0.003,0
	-1.3	-0.34	0.1	-1.96**	0.43	-0.26
關聯交易	-0.002,4	0.007,4	-0.001,7	-0.034,0	0.034,3	0.002,0
	-0.3	0.68	-0.11	-1.48	1.48	0.92
流通股比例	0.002,9	-0.019,0	-0.047,6	-0.065,5	-0.099,7	0.032,3
	0.12	-0.58	-1.06	-0.94	-1.38	0.90
中央政府所有	0.025,2	-0.010,9	-0.027,5	-0.051,3	0.022,2	0.031,4
	1.66*	-0.52	-0.96	-1.15	0.48	1.19
地方政府所有	0.006,8	-0.023,4	-0.034,7	-0.081,5	-0.029,1	0.017,1
	0.49	-1.24	-1.34	-2.03**	-0.70	0.23
個人所有	0.007,4	-0.016,9	-0.027,7	-0.054,4	0.005,3	-0.001,5
	0.53	-0.88	-1.06	-1.34	0.13	1.28
年度差異	0.021,5	0.022,4	0.026,3	0.026,4	0.015,7	0.018,7
	3.03***	2.30**	1.96**	1.28	0.73	1.19
行業差異	控制	控制	控制	控制	控制	控制
Intercept（截距項）	0.008,6	0.044,5	0.041,9	0.096,2	0.072,6	-0.001,4
N	958	958	958	958	958	544
Adj-R^2	0.046,1	0.026,4	0.023,3	0.009,0	0.016,4	0.012,1
F	2.65***	1.93***	1.81***	1.31	1.57*	1.23*

3.4.3 托賓 Q 值的影響因素分析

托賓 Q 值的影響因素分析類似於 CAR 的分析，由於在迴歸分析前，已經對 Q 進行了年度行業調整，因此將年度差異和行業差異從解釋變量中剔除。研究數據主要來源於國泰安數據庫，部分來自 Wind 數據庫，為避免極端值的影響，對相關變量進行了縮尾處理。其迴歸結果如表 3-8 所示，通過分析我們可以看出：

（1）主並公司特徵因素對併購後托賓 Q 值變動的影響僅表現在較短的時期內。這可以通過表中各時段內的 F 統計值看出，在併購後第 1 年中，我們在萬分之一的顯著性水準下，亦無法拒絕所有解釋變量對 Q 值變動不產生影響的虛擬假設。此外，與 CAR 相同，主並公司特徵因素對托賓 Q 值變動的解釋力不足，調整後的擬合優度僅為 5%。因此筆者認為，主並公司的長期績效不僅和併購前的決策相關，更加取決於併購後對目標公司的整合，併購是一個涉及期限較長、戰略性較強的系統性工程，主並公司必須加強對併購的事前、事中和事後的監控與分析。

（2）與短期迴歸分析相比較，差異最為明顯的是交易總價比率和流通股比例兩個變量的影響。交易總價比率對 CAR 具有顯著的正向影響，但對於托賓 Q 值在併購後第 1 年的變動卻產生了顯著的負向影響，而在之後兩年又無顯著的關係，導致這一結局的緣由，筆者認為只能是併購公告前後市場的過度炒作。針對這一問題，筆者對股東長短期財富影響因素進行了分組迴歸，發現 2004—2005 年度，交易總價比率指標對 CAR 和併購後的托賓 Q 值均無顯著影響，而在 2006—2007 年度，其影響程度與顯著性比表 3-7 和表 3-8 的相關結果明顯增強。①

（3）在流通股比例方面，顯著負相關的結果顯示該比例越高，股東的長期財富增加越少。究其緣由，筆者認為有兩個方面：一方面，流通股比例高說明上市公司股票更多集中於散戶手中，而散戶的投機性、目光的短期性、搭便車心理等特徵決定了其不會關注公司的長期業績，而以追求短期股價變動收益為主，不可能有足夠動力與能力去監督主並公司管理層的行為；另一方面，流通股比例高，則上市公司更易出現內部人控制的現象，此時要麼管理層控制了公司，要麼大股東以較少的股份取得了公司的控制權，不論哪種情況出現，併購行為都可能更加傾向於財富的再分配而非價值創造。

---

① 為避免數據和圖表的繁瑣，筆者在此未對迴歸結果進行列示。

（4）在併購標的方面，資產收購明顯優於股權收購。結合第 2 章對兩類併購行為的對比分析及本章對於 CAR 的影響分析，筆者認為產生差異的原因在於資產收購一般而言是對目標公司進行吸收合併，或使之最終成為全資子公司，而股權收購則以取得目標公司的控股權為主要目的，目的不同，必將會帶來併購後整合行為的差異。此外，在上一章表 2-10 中，我們可以看到，資產收購的均值與中位數均為股權收購的兩倍多一點，而股權收購的交易規模均值與中位數為 46% 和 41%，可以看出不論何種併購，其目標公司的規模相近，而股權收購有槓桿效應存在，這或許也是短期內市場更關注股權收購題材的原因，但從長期而言，市場關注焦點發生了逆轉。

（5）與短期研究相類似，同屬管轄、關聯交易、主並公司企業性質等因素，並不會對股東的長期財富產生影響，這一點是對所謂的地方政府為非經濟目的扶持或掏空上市公司的觀點的一種駁斥。

表 3-8　托賓 Q 值影響因素迴歸分析

變量	資產收購後第 1 年	資產收購後第 2 年	資產收購後第 3 年	股權收購
併購標的	0.109,9	-0.009,2	0.001,5	
	2.59***	-0.18	0.02	
交易規模				-0.000,6
				-0.88
交易總價比率	-0.786,8	0.221,1	0.214,3	-1.073,7
	-6.68***	1.57	1.09	-6.62***
同屬管轄	0.004,9	0.018,0	0.057,5	0.040,9
	0.12	0.36	0.82	0.82
關聯交易	0.044,5	0.017,4	0.131,6	0.054,0
	0.96	0.3	1.69	0.94
流通股比例	-0.239,8	-0.065,9	-0.161,1	-0.410,6
	-1.94*	-0.44	-0.77	-2.67***
中央政府所有	-0.078,7	-0.008,7	0.016,8	-0.155,9
	-0.89	-0.08	0.11	-1.39
地方政府所有	-0.098,2	-0.000,2	0.137,7	-0.112,6

表3-8(續)

變量	資產收購後第1年	資產收購後第2年	資產收購後第3年	股權收購
	-1.24	0	1.05	-1.14
個人所有	0.008,4	0.111,7	0.290,2	0.012,8
	0.1	1.15	2.15**	0.13
Intercept（截距項）	0.141,4	-0.039,9	-0.096,5	0.239,8
N	956	953	949	652
Adj-R^2	0.050,3	0.002,2	0.007,2	0.079,1
F	8.23***	1.3	1.98*	8.98***

註：股權收購後第2~3年結論不顯著，為節省篇幅，故未列示。

3.5 小結

在本章裡筆者通過將2004—2007年4年間的併購事件作為研究樣本，分階段（2004—2005年和2006—2007年兩個階段）研究了上市公司作為主併方所發生的所有資產收購和股權收購事件，由此得出併購行為對併購公司股東長短期財富效應的影響以及長短期效應之間的關係、影響併購公司股東的長短期財富的因素。通過整理可得出如下主要結論。

（1）通過研究全部主併公司的 CAR 和 AAR 可得知，CAR 在併購公告前60個交易日左右上升，在公告後10~30個交易日顯著下降，說明市場對併購存在過度炒作的現象；而且在公告日附近資產收購的波動性小於股權收購的波動性，表明市場更偏向於股權收購的炒作。

（2）短期 CAR 統計檢驗無論是資產收購還是股權收購都得出均值為正而中位數為負的結論，說明因併購而獲利的公司數量遠遠少於因併購而受損的公司數量，而因併購獲利股東的獲利程度高於受損股東的損失程度。在分階段性 CAR 檢驗中，2004~2005年和2006~2007年結果比較差異明顯，說明併購事件在股市繁榮時期能產生更大的短期財富效應。

（3）在併購的長期財富效應的研究中，通過對併購前後3年托賓 Q 與 ROE 的比較分析，得出主併公司併購前是業績較差的公司，併購後並未得到

緩解；而主並公司為了獲得併購所需外部資金的融資資格，有粉飾報表的傾向。

（4）通過五個短期事件窗口的 CAR 與托賓 Q 的迴歸得出併購的短期績效對長期績效缺乏預測能力，而且 2004—2005 年與 2006—2007 年兩個階段存在顯著差異，更進一步說明股市繁榮時期市場對併購會產生過度反應。

（5）從短期效應角度來看，對 CAR 的影響主要是交易總價比率最為顯著，在［-5，5］窗口，股權收購收益明顯高於資產收購，而同屬管轄、關聯交易以及併購企業的性質卻未對其產生顯著影響。從長期效應角度來分析對 Q 值變動的影響因素，其中交易總價比率只對併購後第 1 年產生顯著負向的影響，說明併購公告日前後確實存在市場過度炒作的現象；而且從併購標的影響來看，結果與短期正好相反，資產收購明顯優於股權收購，筆者推測主要原因在於資產收購與股權收購目的不同，併購後整合行為也存在較大差異。與短期研究一致的是同屬管轄、關聯交易和併購企業的性質，這些因素並未對流通股東長期財富產生顯著影響。

4 併購對債權人的影響

併購對債權人的財富效應研究，在國內仍是空白。在國外，相對較少的研究文獻中也未得出一致性的結論，而且由於國情的巨大差異，對國內研究也沒有太多的可借鑑性。因此，本章將從債權人保護的制度背景開始，通過梳理國內外相關的文獻進行理論分析，並使用實證的方法研究併購對債權人的風險與收益的影響，最終得出併購不利於主並公司債權人的結論。

4.1 制度背景分析

如果有活躍的二級市場，那麼債權人的財富就會像上市公司股東財富一樣，通過市場價格來衡量。否則，就需要從債權人的收益和承擔的風險來間接反應。鑒於中國的國情，很難使用市場價格的方法衡量債權人財富，而只能採用間接的方法。因此，在研究併購對債權人的影響前，有必要詳細分析中國的制度背景，這包括資產負債率、長短期債務比率和法律對債權人的保護等方面。

4.1.1 國有資產管理體制改革對企業資本結構的影響

1992年黨的十四大明確提出改革的目標，即建立社會主義市場經濟體制。1993年黨的十四屆三中全會提出「建立適應市場經濟要求，產權明晰、權責明確、政企分開、管理科學的現代企業制度」，以此為標誌，放權讓利的國有資產管理體制改革推進到新的階段。由於「撥改貸」與「承包制」帶來的系列問題，在此階段改革的一個重要任務就是調整企業的資本結構，國家採取的措施可以歸為兩大類，即存量調整和增加投入。

（1）存量調整，即將部分負債轉變為所有者權益，以此降低國有企業資產負債率。這一改革是當時國際上一種新興的債務重組方式，不但降低國企的

負債率，同時也盤活了大量的銀行不良資產。

（2）增加投入，即通過各種方式對國企註資，增加所有者權益比重。資本的存量調整僅僅是改變了負債與所有者權益的比重，而國企要發展、要壯大，必須有新的資金投入，尤其是本金的投入。應該說中國股市建立的初衷就是國企脫困的一個重要手段，這在前文中也談及，至今為止，股市一直難以起到經濟晴雨表的作用。

通過存量調整與增加本金投入，國有企業，尤其是上市公司資產負債率大比例下降，這可以通過表4-1看出。整體看，中國上市公司的資產負債率保持在40%~50%的水準上，這一比率明顯低於發達國家水準。[①] 資產負債率的下降，改善了上市公司的資本結構，降低了上市公司的財務風險，從而也間接地保護了以銀行為主體的債權人的利益。

表4-1 歷年上市公司資產負債率情況

年份	上市公司數量/家	資產負債率均值	年份	上市公司數量/家	資產負債率均值
1990	11	0.59	2001	1,206	0.48
1991	17	0.53	2002	1,269	0.49
1992	76	0.47	2003	1,333	0.52
1993	215	0.39	2004	1,420	0.54
1994	333	0.41	2005	1,415	0.57
1995	360	0.47	2006	1,498	0.60
1996	571	0.45	2007	1,611	0.57
1997	779	0.42	2008	1,666	0.56
1998	887	0.43	2009	1,813	0.53
1999	985	0.44	2010	2,026	0.50
2000	1,128	0.44			

4.1.2 企業債券市場對企業債務結構的影響

研究實施公司的資本結構，不僅要關注負債與所有者權益的比重，而且應

[①] 根據Rajan和Zingales（1995）以及Booth等（2001）的研究，20世紀90年代，美國、英國、德國、日本的資產負債率分別為58%、56%、76%、75%。

該關注負債的期限結構，最常用的指標是長期負債比率，即長期負債占總負債的比重。股票市場的發展，降低中國上市公司的資產負債率，而企業債券市場的發展，可以提升長期負債比率。若兩大資本市場能夠協調發展，必將提高上市公司長期資金比例，保證上市公司的相對穩定發展。但中國的實際情況，可以通過表4-2看出，中國上市公司長期負債比率基本常年維持在15%左右的水準上，這與美國形成鮮明對比，據Barclay和Smith（1995）對美國上市公司的研究，其債務期限分別在1年以上、2年以上、3年以上、4年以上和5年以上的長期負債比率均值分別為71.8%、60.9%、51.7%、43.7%、36.6%。造成這一結果的原因，主要是中國企業債券市場不發達、企業負債高度依靠銀行信貸的結果。

表4-2 歷年上市公司長期負債比率情況

年份	上市公司數量/家	長期負債比率均值	年份	上市公司數量/家	長期負債比率均值
1990	11	0.26	2001	1,206	0.14
1991	17	0.17	2002	1,269	0.14
1992	76	0.16	2003	1,333	0.14
1993	215	0.18	2004	1,420	0.15
1994	333	0.17	2005	1,415	0.14
1995	360	0.15	2006	1,498	0.14
1996	571	0.14	2007	1,611	0.15
1997	779	0.15	2008	1,666	0.15
1998	887	0.14	2009	1,813	0.17
1999	985	0.13	2010	2,026	0.18
2000	1,128	0.13	平均值		0.156,2

註：本表通過國泰安數據庫提供資料整理得出。

中國企業債券有三個特點：第一，發展極為緩慢，這無論是與發達國家還是周邊的發展中國家，抑或是與中國其他金融工具相比較。這一點可以通過統計結論得出，企業債券相對於GDP（國內生產總值）、股票市值比重、國債而言，比重極低，而僅以2001年美國為例，其企業債相對於三類比重分別為38%、28%、24%。第二，始終處於嚴格的政府管控之中，准入限制多、審批繁瑣、大量企業被排除在債券市場之外。應該指出，政府也有其不得已的苦

衰,信用的缺失、「一抓就死、一放就亂」的怪相、法律保護的滯後,這一切都需要政府對企業債券承擔總擔保的責任,嚴格管制就是情理之中的事情了。第三,就上市公司而言,債券融資比重極低,其負債更多的是銀行借款和商業信用,這點可以在表4-3中看出,企業債券在融資中幾乎可以忽略。

表4-3 歷年上市公司應付債券占總負債比重情況

年份	上市公司數量/家	應付債券比重	年份	上市公司數量/家	應付債券比重
1995	258	0.006,5	2002	1,050	0.003,7
1996	366	0.004,0	2003	1,115	0.005,3
1997	560	0.003,9	2004	1,174	0.006,6
1998	669	0.002,2	2005	1,176	0.004,7
1999	766	0.004,8	2006	1,242	0.004,1
2000	908	0.004,4	2007	1,336	0.005,8
2001	986	0.000,7	2008	1,389	0.008,0
平均值					0.004,6

註:本表通過國泰安數據庫提供資料整理得出。

企業債券市場是發行方進行長期負債融資的重要途徑,中國企業債券發展的相對滯後和上市公司對該市場的漠視,是中國上市公司長期負債比率較低的一個重要原因。

4.1.3 銀行業的發展對企業債務結構的影響

銀行貸款在社會融資總量中占絕對優勢,是中國金融市場的突出特點。黨的十一屆三中全會後,四大專業銀行相繼建立,銀行貸款領域不斷擴大,由流動資金貸款向固定資產貸款擴展。1978年,國有企業資金僅有20.6%源於銀行信貸,而到1993年這一比例就達到了87.9%,到1994年底,企業融資對銀行貸款依存度進一步提高,90%以上的流動資金來自銀行,企業融資由財政主導型過渡到銀行主導型。[①]

2005年後五大國有商業銀行相繼上市,不僅提高銀行的資本充足率,同時提高了商業銀行的治理水準,最終在多方的共同努力下,成功克服國際金融危機,五大行均躋身世界前十大商業銀行的行列。在這一期間,金融機構貸款

---

① 數據來源於1978—1995年《中國統計年鑒》。

和商業銀行貸款分別在 1998 年和 2000 年首次超過同年 GDP，商業銀行的總資產和長短期貸款大幅攀升。由表 4-4 可以看出，在短期貸款和中長期貸款規模增長的同時，中長期貸款比重穩步提高（2008 年長期貸款的下降源於國際金融危機）。

表 4-4 商業銀行的貸款規模情況

年份	短期貸款 /百億元	中長期 貸款 /百億元	貸款合計 /百億元	中長期 貸款比重	總資產 /百億元	GDP /百億元
1995	333.70	107.00	440.70	0.242,8	642.20	607.93
1996	402.10	126.73	528.83	0.239,6	790.34	711.76
1997	554.20	154.70	708.90	0.218,2	950.80	789.73
1998	606.13	207.18	813.31	0.254,7	1,104.21	844.02
1999	638.88	239.68	878.56	0.272,8	1,232.31	896.77
2000	657.48	279.31	936.79	0.298,2	1,354.84	992.15
2001	673.27	393.28	1,066.55	0.368,7	1,548.76	1,096.55
2002	742.48	486.42	1,228.90	0.395,8	1,840.25	1,203.33
2003	836.61	634.01	1,470.63	0.431,1	2,253.13	1,358.23
2004	868.41	767.03	1,635.43	0.469,0	2,627.40	1,598.78
2005	874.49	874.60	1,749.10	0.500,0	3,020.43	1,838.68
2006	985.34	1,065.50	2,050.84	0.519,5	3,652.30	2,108.71
2007	1,144.78	1,251.82	2,396.60	0.522,3	4,542.68	2,573.06
2008	3,033.95	1,550.00	4,583.94	0.338,1	5,384.06	3,006.70

註：本表通過各年度《中國統計年鑒》提供資料整理得出。

銀行貸款和企業債券，是企業債務融資兩大重要渠道[①]，但二者的存在基礎和功能方面有著重大差異。銀行作為金融仲介，可以緩解資金供求雙方的信息不對稱的矛盾，加速資金融通；而企業債券市場是通過價格機制優化資源配置，使資金以較少的成本流向最優質的企業。相較於企業債券，銀行貸款有兩大優勢：第一，彈性大、成本低。銀行貸款合同是一對一的雙邊非公開契約，企業取得借款前不像債券發行需要大筆費用，資金使用過程中不需要公開的信

---

① 中國企業的債務中，商業信用的比重很高，是僅次於銀行短期借款的債務資金來源，但鑒於本書研究的視角，這裡僅談論借款和債券兩類。

息披露，合同到期時借貸雙方可以根據具體情況終結合同、貸款展期或債務重組。第二，相較於企業債券，中小企業更有機會取得銀行貸款，在一定程度上解決了資金短缺的問題。

上市公司作為中國企業的一部分，銀行貸款亦是其債務融資的重要來源。這一點可以通過表4-5看出。上市公司的銀行借款占到總負債比重的47%左右。[①] 另外，雖然近年來金融機構貸款中中長期貸款的比重逐步上升，但從上市公司的角度看，長短期借款的比重多年來基本保持穩定，在11%和34%附近，未出現大幅的波動。

表4-5 歷年上市公司短期借款與長期借款占負債總額比重情況

年份	公司數量/家	短期借款比重均值	長期借款比重均值	年份	公司數量/家	短期借款比重均值	長期借款比重均值
1995	258	0.358,5	0.109,4	2002	1,050	0.348,3	0.105,4
1996	366	0.365,7	0.111,5	2003	1,115	0.353,2	0.108,2
1997	560	0.339,6	0.114,7	2004	1,174	0.340,7	0.110,3
1998	669	0.339,9	0.107,1	2005	1,176	0.322,3	0.105,1
1999	766	0.358,0	0.106,0	2006	1,242	0.305,0	0.104,4
2000	908	0.347,9	0.104,8	2007	1,336	0.296,7	0.101,5
2001	986	0.360,8	0.112,4	2008	1,389	0.285,5	0.102,5
短期借款比重平均值							0.337,3	0.107,4

註：本表通過國泰安數據庫提供資料整理得出。

從另一個角度看，上市公司也是中國商業銀行的最為重要的客戶。這一點可以通過表4-6看出。[②] 1995年以來，隨著上市公司數量與規模的大幅增長，上市公司銀行借款的總量也在迅速攀升，尤其在最近幾年，金融機構六成以上的短期貸款和五成以上的中長期貸款投向上市公司。

[①] 應該指出的是，表中的關於長期借款比重的數值比實際數值偏低，主要是因為沒有包括「一年內到期的長期債務」，這是因為在統計中由於無法區分一年內到期的長期債務中長期借款和應付債券的比重。根據筆者統計，1995—2008年上市公司「一年內到期長期債務」占負債總額的比重約為3.35%，而「應付債券」比重約為0.46%，因此大體可以推測銀行借款占負債總額比重約為47%。

[②] 2008年受國際金融危機的影響，中國的貨幣政策出現重大調整，因此表4-6的2008年的數據與以前年度不可比。

表 4-6　歷年上市公司銀行借款與金融機構貸款情況

年份	上市公司短期借款/百億元	銀行短期貸款/百億元	比率	上市公司長期借款/百億元	銀行中長期貸款/百億元	比率
1995	64.21	333.70	0.192,4	26.92	107.00	0.251,6
1996	88.06	402.10	0.219,0	33.32	126.73	0.262,9
1997	116.84	554.20	0.210,8	50.61	154.70	0.327,1
1998	147.10	606.13	0.242,7	60.42	207.18	0.291,7
1999	188.85	638.88	0.295,6	86.31	239.68	0.360,1
2000	227.68	657.48	0.346,3	116.41	279.31	0.416,8
2001	318.54	673.27	0.473,1	222.05	393.28	0.564,6
2002	360.26	742.48	0.485,2	279.86	486.42	0.575,3
2003	453.81	836.61	0.542,4	331.33	634.01	0.522,6
2004	545.60	868.41	0.628,3	413.49	767.03	0.539,1
2005	583.41	874.49	0.667,1	479.96	874.60	0.548,6
2006	667.14	985.34	0.677,1	574.22	1,065.50	0.538,9
2007	819.53	1,144.78	0.715,9	666.70	1,251.82	0.532,6
2008	1,006.88	3,033.95	0.331,9	826.71	1,550.00	0.533,4

註：本表中，上市公司數據通過國泰安數據庫提供資料整理得出，銀行數據通過歷年《中國統計年鑒》提供資料整理得出。

在上市公司與商業銀行的資金借貸過程中，貨幣使用權發生轉讓，其「租金」就是債權人的收益。2004 年 10 月 28 日，中國人民銀行宣布進一步放鬆除城鄉信用社以外金融機構貸款利率浮動區間，並原則上不再設定利率上限。這一規定賦予了商業銀行貸款過程中更多的定價權，在上市公司與商業銀行的博弈中，二者可以具體情況具體分析，確定雙方相對滿意的「租金」價格。這也為本書研究併購過程中債權人的收益提供了事實依據。

4.1.4　法律對債權人的保護

債權人權利之所以需要保護，是因為貸款發放後，債權人在與控股股東或公司管理層的博弈中經常處於弱勢地位，這是代理人道德風險的一種重要表現。當債權人預計到這一後果，在出借資金前往往與借款方協商，在簽訂債務契約中加入保護性條款。但是，股東除可以通過公司章程保護自身利益外仍需

借助《中華人民共和國公司法》(簡稱《公司法》) 的力量保護自己, 債權人也需要相關法律的保護。這是公共產品的提供過程, 通過法律的制定與執行, 可以減少交易費用, 抑制事後的道德風險, 減少事前的逆向選擇, 最終也有利於企業獲得所需的債務融資。

涉及債權人保護的最重要的法律制度就是《中華人民共和國破產法》(簡稱《破產法》), 從法律規定上看, 舊破產法最初僅適用於全民所有制企業, 直到新《破產法》實施後才實現了對各種類型企業的統一規範。在對債權人的利益保護方面, 往往將社會穩定置於債權人利益之上, 如《國務院關於在若干城市試行國有企業破產有關問題的通知》和《國務院關於在若干城市試行國有企業兼併破產和職工再就業有關問題的補充通知》中規定, 不論土地使用權如何取得, 破產企業依法取得的土地使用權轉讓收入首先用於安置企業職工, 這實質上是把政府負擔的責任轉嫁於債權人。再如舊破產法中規定, 企業清算時, 法院組織清算小組成員包括破產企業所有者、主管部門和地方政府官員, 而債權人較少參與。

4.2　文獻回顧與理論分析

對於債權人的財富而言, 公司併購具有兩種效應: 一是價值創造效應, 主併公司通過籌集資金, 收購目標公司的資產或股權, 將其資產配置到更高價值的用途之上, 通過經營協同與財務協同, 就會增加主併公司的價值, 我們可以形象的比作「做大蛋糕」的過程; 二是財富再分配效應, 即公司價值在股東、管理層、員工、債權人等利益相關者間進行分配, 在「蛋糕」既定的前提下, 由於利益各方勢力的此消彼長、談判地位與技巧的變化、信息的不對稱, 一方所得的增加經常會帶來另一方或另幾方的所得的減少, 我們可以將之比作「分蛋糕」的過程。那麼, 併購到底是增加了債權人的財富還是減少了債權人的財富, 如何保障債權人能夠分到更多的「蛋糕」並以此為激勵參與公司治理促使公司進一步做大, 這涉及債權人保護機制的構建。目前, 中國上市公司的債務以銀行借款和商業信用為主, 而企業債券規模很小, 加之政府干預, 導致企業債務缺乏合理的市場定價, 那麼, 事件研究法必然受到限制。因此, 本書認為, 併購對主併公司債權人的財富效應, 可以採用會計指標方法, 從債權人承擔的風險和取得的收益兩個角度進行衡量。

下面, 筆者將從資本結構、債券期限結構、短期償債能力與按期付息的能

力和債權人收益率幾個方面對併購的債權人財富效應進行梳理及評述。

4.2.1 資本結構

Jensen 和 Meckling（1976）指出，現代公司制企業中通常存在兩類衝突：一是由股票融資所引起的股東與管理者之間的衝突，二是由負債融資所引起的債權人與股東之間的衝突。伴隨著這兩類衝突的是相應的股權融資的代理成本和債權融資的代理成本。因此，現代資本結構權衡理論認為，企業最佳資本結構就是在這兩類代理成本間進行權衡，實現二者之和最小。

在股東與債權人的利益衝突中，股東作為信息優勢的代理方，傾向於做出使財富從債權人向股東轉移的決策，當債權人預知到這種傾向的出現，就會採取反制措施。相關文獻已經識別出股東與債權人之間的兩種主要的潛在衝突，即資產替代效應（Jensen et al., 1976）和投資不足（Myers, 1977）。Jensen 和 Meckling（1976）指出，在債權人的固定求償機制與股東有限責任機制作用下，股東更加偏好於投資高風險、高收益的項目而放棄低風險、低收益的項目，若投資成功，股東將獨享風險收益，若投資失敗，債權人將與股東分擔損失，這就是資產替代效應；Myers（1977）定義了由於投資不足所引起的代理問題，當預計到債權人將分享盈利項目的大部分收益，以至於股東無法獲得最低的正常收益時，股東傾向於拒絕淨現值大於 0 的項目，這種情形極可能發生於資產負債率很高的企業。

股東與債權人的衝突，建立在管理者代表股東利益或者企業存在控股股東並較好控制管理者行為的前提假設之下。那麼現實中，若這一假設被違背，將出現何種後果呢？Jensen（1986）從自由現金流量的視角，分析了管理者從自身的貨幣與非貨幣利益出發，通過減少現金股利支付比例，而將現金留存於企業並投資於淨現值小於 0 的項目，這就是投資過度問題。Jensen 和 Meckling（1976）、Ramakrishnan 和 Thakor（1984）指出，管理層偏好建立多元化和低風險的財務槓桿企業，以減少其人力資本的投資風險，減少企業破產和管理層再就業風險，如果管理者如此作為，雖然違背了股東的利益，卻符合債權人利益，降低了債權人的風險。

併購，尤其是非關聯性併購經常被視為企業運用自由現金流量過度投資的一種表現，那麼在這種降低企業價值的行為中，債權人是否獲得了財富再分配的效應，是實證研究中亟待解決的問題。

負債融資對於公司整體而言，具有治理功能，通過定期還本付息的「硬約束」，可以減輕管理者投資過度的傾向，通過大型金融機構如商業銀行的信

息搜尋和適時監管，可以與股東一起更好地約束管理者的治理行為；對於債權人而言，取得收益的同時必然要承擔風險和代理成本。

對於資本結構這一概念的理解，不同學者有不同的看法，沿襲美國資本市場的特徵，很多人認為資本結構是長期負債與所有者權益的比重。而鑒於前文的介紹，中國上市公司的負債更多源於短期借款和商業信用，因此研究中國的上市公司的資本結構應該採用廣義的概念，即負債與所有者權益的比重，在財務分析中被稱為「產權比率」，這一比例與資產負債率是同一問題的不同表述方法。資產負債率作為衡量企業長期償債能力的一個典型指標，其比值過高，必然使債權人承擔較高的風險，因此，本章將資產負債率作為一個被解釋變量，以此衡量併購對主並公司債權人風險的影響。

4.2.2 債務期限結構

資本結構理論是從總量上對融資問題進行研究，將企業的各種負債看成是同質的。但在現實中，企業通過多種渠道籌集的債務資金，其在性質、期限、償付級別、限制性條款、能否轉換或贖回等方面，均存在較大差異。

此外，股東與債權人的利益衝突，可以通過多種方法緩解，如加強對債權人的法律保護、調整債務契約的特徵等。其中，債務期限結構的選擇，即長短期債務的選擇，就是一個重要方面。

債務期限結構理論認為，選擇債務期限結構的重要性在於緩解代理衝突。不同期限的債務具有不同的激勵特徵：短期債務可以減少信息不對稱、傳遞公司成長機會的信號、約束管理者、減少債權人遭受掠奪程度等；長期債務可以使貸款公司管理者處於控制之中、防止公司管理者的無效率擴張等（Caprio et al., 1996）。Myers（1977）認為，公司未來的投資機會可視為增長期權，成長性越高，公司股東與債權人在期權執行時所引發的投資不足問題越嚴重，若增加短期債務的發行量，使債務在期權到期日前結束債務，即可緩解投資不足問題。Barnea等（1981）認為相對於長期債務，短期債務對於公司資產價值變動的敏感性較低，同時，短期債務使得公司經常面臨還本付息的壓力，迫使公司股東約束其偏好高風險的動機，以此減輕資產替代問題。Jensen（1986）認為，短期債務有利於經常性地縮減企業現金收益，減少自由現金流量；同時可以增加公司發生財務危機的可能性，有如「達摩克利斯之劍」，激勵管理者有效地運用公司資產並作出科學的決策。

實證研究方面，國內外學者的關注點是債務期限結構與企業投資行為的關係，以此亦可間接地說明其對債權人的影響。在未考慮資產負債率與債務期限

結構的內生性問題前提下，國外學者得出了相對一致的結論，即債務期限結構與投資機會顯著負相關（Barclay et al., 1995；Ozkan, 2000）；當考慮到二者的內生性問題時，其結論莫衷一是。國內學者對債務期限結構的問題，主要是立足於中國的國情，即債權人法律保護較弱、上市公司存在控股股東、股東與債權人的衝突更多地表現為資產替代而非投資不足，主要研究了債務期限結構與資產替代的關係問題。如肖作平和廖理（2007）研究了大股東持股比例、產權性質等特徵對上市公司債務期限結構的影響；方媛和張海霞（2008）從債務代理成本的視角討論了債權人保護自身利益不受侵害，是否會影響企業的債務期限結構，並發現管理者自利性行為與債務期限結構呈顯著的倒「U」形關係；陶曉慧（2009）研究發現，過度投資的嚴重程度同負債期限結構顯著正相關，短期負債有利於抑制股東通過資產替代侵害債權人的利益。

債務期限結構研究還涉及一個定義與度量的問題。國外學者對此進行了翔實的研究，度量債務期限結構一般有資產負債表法和增量法兩種，其中資產負債表法將債務期限結構定義為長期債務占總債務的比率（Barclay et al., 1995），或企業債務項目的加權平均期限（Kim, 1995）；而增量法，將債務期限結構定義為債務工具的發行期限（Mitchell, 1993）。Guedes 等（1996）曾對兩類方法進行了比較分析，認為資產負債表法更適合於公司資產的混合特徵，而增量法更適合於檢驗隨時間而產生較大波動的變量檢驗。這些方法傳至國內，研究人員鑒於數據的取得便利，基本上所有文章都採用了長期負債占負債總額的比重，即長期負債比率度量公司的債務期限結構。長期負債比率可以在一定程度上度量公司的債務期限結構，但並不完整，可能不完全適合中國的資本市場。前文提及美國上市公司的債務中80%以上源於長期負債，而在中國上市公司的長期負債比率不足16%，不少公司的負債融資的第一來源是商業信用，而商業信用與借款和債券融資性質差異極大。因此本書後面的相關實證研究中，除使用長期負債比率外，還使用了長短期借款比重作為衡量債務期限結構的變量。

併購與債務期限結構的關係問題，至今筆者未發現相關文獻。本書基於前人的研究成果，認為短期債務相對長期債務，能夠緩解股東與債權人的利益衝突，那麼債務期限結構可以衡量債權人的保護程度，債務期限越長，債權人面臨的風險越大。以債務期限結構作為被解釋變量，是衡量併購對債權人風險的影響程度的又一指標。

4.2.3 短期償債能力與按期付息的能力

資產負債率衡量的是企業償還長期債務的能力，由於長期債務需要定期付

息,同時隨著時間的推移,長期負債在臨近到期時,將轉變為短期負債。因此分析債權人的風險,不僅需要考慮長期償債能力,而且需要考慮短期償債能力和按期支付利息的能力,本章將使用各類短期償債能力指標和利息償付倍數指標對之進行研究。

4.2.4 債權人收益率

資本結構、債務期限結構、短期償債能力等衡量了併購對主並公司債權人所承擔風險的影響程度,而要全面衡量債權人的財富效應,還要從債權人的收益情況進行研究。

在國外的實證文獻中,主要採用事件研究的方法,以併購事件引起公司債券價格波動從而計算短窗口內債權人的超常累積收益的正負性和顯著性。但在為數不多的研究中,並未取得一致的結果。如 Eger（1983）以 1958—1980 年美國 33 例換股併購公司為樣本,以 [-30,0] 為事件窗口,發現主並公司債權人取得了顯著的正超常累計收益；Walker（1994）以 1980—1988 年美國 92 例併購事件為樣本,發現債權人的超常累計收益雖為正,但並不顯著；鑒於前兩篇文章的樣本數量過少的缺陷,Billett 等（2004）採用 1979—1997 年 831 例併購事件進行大樣本研究,以 [-30,0] 為事件窗口,研究發現無論債券等級、併購支付方式、併購類型如何,主並公司債權人都獲得了顯著為負的超常累計收益。

中國上市公司極少發行企業債券,其債務融資的渠道主要是銀行借款和商業信用,這一客觀事實限制了事件研究法在併購的債權人財富效應研究中的應用,這或許也是目前鮮見相關實證研究的主要原因之一。本書使用會計指標的方法,計算上市公司的利息支付比率,因為債務人的所付即債權人的所得,從而以此指標衡量債權人的收益,並將債權人的收益率對併購迴歸,以期得到併購對債權人收益的影響程度。

4.3 研究設計

4.3.1 研究變量

4.3.1.1 被解釋變量

鑒於前面的分析,本書採用以下幾個變量度量債權人的財富效應。

（1）資本結構。有關資本結構的度量方法有兩種：一種是廣義資本結構,

即資產負債率或產權比率；另一種是狹義的資本結構，即長期負債與所有者權益的比率。鑒於本書研究的是整體債權人的財富效應問題，加之中國上市公司負債以短期負債為主，因此，本書將採用廣義概念，以資產負債率度量資本結構。

（2）債務期限結構。鑒於前文分析，採用兩個變量衡量債務期限結構：一是長期負債比率，即長期負債占負債總額的比重。二是長短期借款比重，在資產負債表相關數據中，有四個指標涉及各類借款，即短期借款、一年內到期的非流動負債、長期借款和應付債券，由於一年內到期的非流動負債由長期借款和應付債券轉化而來，統計中難以區分，因此本書以短期負債占所有借款比重來衡量債務期限結構。

（3）短期償債能力。使用流動比率和現金比率兩個財務指標衡量。

（4）按期付息能力。通常而言，利息保障倍數是衡量按期付息能力的當然之選，在具體計算中，一般的公式是：（稅前利潤+財務費用）÷財務費用，國泰安數據庫中提供的數據即按此方法計算。但在具體的會計處理中，按照現行的會計準則，很多借款費用被資本化而未納入財務費用的範疇，同時財務費用中還包括了利息收入、匯兌損益等項目，以上述公式計量付息能力存在較大的偏差。因此將公式中的「財務費用」改為「實際利息支出」（以樣本公司現金流量表中「分配股利、利潤或償付利息支付的現金」數值減去同年「派息數」）。此外，為避免利得與損失的影響，用營業利潤替代稅前利潤。

（5）債權人的收益。以上市公司的債務支付比率度量債權人收益率。具體計算公式以樣本公司每年的「實際利息支出」為分子，以樣本公司短期借款、一年內到期的非流動負債、長期借款和應付債券四者之和的年初與年末的平均數為分母。

4.3.1.2 解釋變量

解釋變量為「是否併購」虛擬變量，若該年度有併購事件發生賦值為1，否則為0。

4.3.1.3 控制變量

為詳細檢驗本書提出的研究問題，我們對其他可能影響債權人財富效應的因素加以控制。本書採用的控制變量借鑑了先前的經驗研究（Eger, 1983；Walker, 1994；Billett et al., 2004；肖作平 等, 2008；李善民 等, 2009；陶曉慧, 2009）。因此除併購啞變量外，我們還假設公司規模、公司成長性、資產期限、公司盈利能力、股權集中度、樣本公司企業性質、公司內部治理特徵（包括董事長總經理兩職是否分離、獨立董事比例兩個指標）、是否屬於ST公

司、行業類別、年份等因素會影響到債權人的財富效應。控制變量採用與被解釋變量相同年份的數據。

表4-7是研究變量的詳細定義。

表4-7　變量的詳細定義

變量名稱	變量定義
被解釋變量	
資本結構	資產負債率＝總負債/總資產
債務期限結構1	長期負債比率＝長期債務/總負債
債務期限結構2	短期借款/（短期借款+一年內到期長期債務+長期借款+應付債券）
短期償債能力1	流動比率＝流動資產/流動負債
短期償債能力2	現金比率＝現金及其等價物/流動負債
按期付息能力	（實際利息支出+營業利潤）/實際利息支出
債權人收益率	利息支付比率＝利息支出/（短期借款+一年內到期長期債務+長期借款+應付債券）
解釋變量	
併購虛擬變量	樣本公司發生併購事件，賦值為1，否則為0
控制變量	
公司規模	營業收入的自然對數（以總資產的自然對數進行穩健性檢驗）
公司成長性	托賓Q值（以市淨率進行穩健性檢驗）
資產期限	固定資產/總資產
公司盈利能力	總資產收益率（以淨資產收益率進行穩健性檢驗）
股權集中度	赫芬達指數3（以第一大股東持股比例、赫芬達指數10進行穩健性檢驗）
企業性質	將上市公司分為中央政府所有、地方政府所有和其他（主要是個人所有），因此設兩個虛擬變量，主並公司為中央政府所有，則type1=1，其他為0；主並公司為地方政府所有，則type2=1，其他為0
董事長與總經理兩職分離虛擬變量	當董事長兼任總經理，賦值為1，否則為0
獨立董事比例	獨立董事人數/董事會人數
年度虛擬變量	3個虛擬變量
行業虛擬變量	將非金融保險類上市公司分為21個行業，則有20個虛擬變量

4.3.2 數據來源

為使本書數據各章具有可比性，本章選取了 2004—2007 年所有在上海證券交易所和深圳證券交易所上市的 A 股公司為初始研究樣本，數據來源於國泰安 CSMAR 數據和 Wind 數據庫，使用的實證軟件是 Excel 和 Stata 10。針對研究目的，初始樣本按照如下原則進行篩選：①由於金融類上市公司與一般上市公司的財務特徵和會計制度存在差異，因此剔除了金融和保險行業的上市公司樣本；②剔除有缺失變量的公司樣本；③為控制極端值的影響，我們對各變量進行了縮尾處理。此外，為獲得主並公司交易的併購樣本作為併購子樣本，在上述篩選的原則基礎上，對併購首次公告日發生在 2004—2007 年的樣本按照如下原則進行進一步篩選：一年內有多次併購行為，僅保留一次併購的數據。最終實證研究獲得符合條件的總樣本數為 5,610 個，其中併購樣本數為 1,585 個，非併購樣本數為 4,025 個。同時考慮到併購的複雜性及併購後的主並公司需要對目標公司整合，為完整反應併購行為對主並公司債權人的影響，所有被解釋變量均採用併購前後各 3 年加併購當年數據，即每個被解釋變量共有 7 年的數據。

4.4 實證研究

4.4.1 併購與資本結構的關係

4.4.1.1 變量的描述性統計

表 4-8 提供了樣本公司各變量的描述性統計數據。從統計結果中，我們可以看出：

（1）在本書研究的時間點內，約 9%的上市公司股票被特別處理（special treatment），與一般上市公司比較，在資產負債率方面存在較大的差異。就均值而言，ST 公司的資產負債率超過 1，即出現了資不抵債的情況，而非 ST 公司的資產負債率保持了較低水準。

（2）在控制變量方面，總資產收益率較低，僅有 2.5%；固定資產比重不高，僅為 31%；上市公司的企業性質與 20 世紀 90 年代發生重大變化，國有成分僅占 63%；從內部治理的角度看，近九成的上市公司實現了董事長與總經理職位的分離，獨董比例占到 35%。

表 4-8 研究變量描述性統計結果

變量名稱	觀測數	均值	標準差	最小值	最大值
非 ST 公司併購當年資產負債率	5,090	0.504,6	0.224,0	0.078,1	3.179,0
ST 公司併購當年資產負債率	520	1.086,1	0.851,1	0.078,1	3.179,0
併購與否	5,610	0.282,5	0.450,3	0	1
公司規模	5,594	20.626,5	1.541,8	7.124,7	27.817,4
成長性	5,563	1.460,6	0.832,7	0.761,3	5.948,9
資產結構	5,610	0.310,4	0.187,1	0.000,0	0.960,0
盈利能力（ROA）	5,609	0.025,1	0.089,3	-0.445,4	0.225,2
股權集中度	5,608	0.193,5	0.133,2	0.000,1	1.000,0
中央政府所有	5,610	0.165,2	0.371,4	0	1
地方政府所有	5,610	0.467,4	0.499,0	0	1
董事長與總經理兼任情況	5,565	0.867,4	0.339,2	0	1
獨董比例	5,550	0.350,7	0.049,3	0.000,0	0.666,7
是否為 ST 公司	5,610	0.092,7	0.290,0	0	1

4.4.1.2 迴歸結果及其分析

在本書研究中，以「併購與否」作為解釋變量，將包括「是否為 ST 公司」等諸變量作為控制變量的迴歸分析中，發現解釋變量極端不顯著，而「是否為 ST 公司」這一控制變量顯著性水準特別高，考慮到 ST 公司資產負債率方面的特殊性，筆者對之進行分組檢驗，採用 Level 模型和 Change 模型，研究併購對主併公司資產負債率水準及其變動的影響，最終迴歸結果如表 4-9 至表 4-12 所示，通過分析我們可以發現：

（1）併購對於 ST 和非 ST 公司的影響顯著不同。

①對於非 ST 公司而言，主併公司併購前 3 年和前 2 年資產負債率水準與未發生併購的公司並無顯著差異，但是從併購前 1 年開始一直到併購後的第 3 年，連續 5 年內主併公司資產負債率顯著偏高。從各年間數據的變動來看，併購前，主併公司資產負債率水準未發生顯著變化，但在併購當年，資產負債率顯著增加，併購後又開始減少，但在絕對水準上仍高於未發生併購的公司，印證了第 2 章中相關的併購特徵分析。

②對於 ST 公司而言，併購前後各年主並公司的資產負債率水準均低於未發生併購的 ST 公司，在顯著性水準上，併購前並不明顯，但併購當年和併購後 3 年均顯著為負。從各年度數據的變動看，僅在併購當年發生顯著下降。

③前文已經談及，併購是一個複雜的過程，主並公司在併購前需要籌措資金用於支付交易總價，併購後仍需投入資金對目標公司進行整合。針對上述的統計分析結果，筆者認為對於非 ST 公司而言，併購當年的資金支付和併購後用於整合的資金投入更多地依賴於負債融資，而併購前主並公司是否進行了融資準備以及如何融資需要進一步分析，這將在下文繼續研究。

對於 ST 公司而言，併購當年和併購後相對其他公司的資產負債率水準偏低，以及併購當年的資產負債率明顯下降，說明 ST 公司併購資金更多源於股東投入。產生這一結果的原因顯而易見，較高的財務風險阻止了債權人的進一步放款，而較低甚至為負的收益水準，ST 公司也難以通過自我累積內部融資，股東的進一步投入自然就是其籌集併購資金的唯一選擇。

（2）通過對各個迴歸結果的 F 統計量和擬合優度的分析可以看出，控制變量選擇較為理想，非 ST 公司併購當年和併購後 3 年關於資產負債率水準迴歸的 F 統計量高達 80 以上，調整的 Adj-R^2 在 36% 以上，不但拒絕了全部自變量為 0 的原假設，而且解釋了被解釋變量近四成的變異。

營業收入與資產負債率水準的顯著正相關，說明公司規模的擴大，降低了公司破產的可能性，保證了債權人可以按期收回本息；托賓 Q 值和市盈率的顯著正相關結果，說明公司的成長性越好，對外資金的需求越大，同時被債權人看好，為其提供了大量債務融資；固定資產比重的上升，可以提高上市公司資產的抵押性，即便破產債權人亦可能收回相對較多的本息；盈利水準與資產負債率水準的顯著負相關，印證了 Myers（1984）的新優序融資理論，說明盈利公司傾向於將更多的利潤留存下來，從而減少 Adj-R^2 對外部資金的依賴；股權集中度、獨董比例等變量代表了上市公司內部治理的水準，較好的內部治理可以提高外部投資者投資的安全性，從而提高資產負債率水準；從企業性質的角度看，國有上市公司的資產負債率明顯低於民營公司，而中央所有企業資產負債率更低，這是對某些學者所謂的「國有銀行偏好給國有企業貸款」言論的一種駁斥，同時也需要從多個方面分析其原因，筆者認為國有企業尤其是央企較高的利潤水準是造成其資產負債率偏低的主要原因。

表 4-9 併購前後非 ST 公司資產負債率水準的多元迴歸結果（Level）

變量	前 3 年	前 2 年	前 1 年	併購當年	後 1 年	後 2 年	後 3 年
併購與否	0.001,5	0.007,7	0.013,2	0.026,7	0.025,8	0.027,7	0.029,7
	0.30	1.45	2.35 ***	4.53 ***	4.32 ***	4.76 ***	5.65 ***
公司規模	0.043,8	0.022,4	0.023,2	0.019,0	0.014,5	0.009,6	0.011,4
	20.49 ***	15.06 ***	14.83 ***	12.34 ***	10.79 ***	8.37 ***	11.99 ***
成長性	-0.032,5	-0.036,7	-0.000,2	-0.001,6	-0.004,1	-0.017,2	-0.023,2
	-4.82 ***	-4.25 ***	-0.02	-0.33	-0.94	-5.78 ***	-11.39 ***
資產結構	-0.022,1	-0.008,5	-0.010,3	0.003,0	-0.014,9	-0.025,6	-0.020,2
	-1.47	-0.53	-0.61	0.17	-0.84	-1.50	-1.30
盈利能力	-1.284,1	-1.381,8	-1.592,1	-1.544,8	-1.453,5	-1.233,0	-1.031,2
	-36.97 ***	-41.71 ***	-46.44 ***	-41.88 ***	-38.44 ***	-32.15 ***	-28.21 ***
股權集中度	-0.249,4	-0.012,1	-0.046,7	-0.037,3	0.007,1	0.071,4	0.117,4
	-1.74 *	-0.08	-0.33	-0.26	0.08	1.64	4.10 ***
中央政府所有	-0.049,2	-0.038,7	-0.033,6	-0.022,0	-0.005,3	0.004,9	0.008,3
	-6.87 ***	-5.07 ***	-4.21 ***	-2.69 ***	-0.66	0.64	1.21
地方政府所有	-0.029,8	-0.022,2	-0.019,7	-0.015,0	-0.002,3	0.005,9	0.009,7
	-5.56 ***	-3.84 ***	-3.24 ***	-2.39 ***	-0.37	0.99	1.86 *
兼任情況	0.002,4	-0.003,0	-0.001,0	0.009,7	0.018,0	0.018,0	0.028,9
	0.35	-0.38	-0.20	1.21	2.29 **	2.52 ***	4.55 ***
獨董比例	0.066,6	0.094,2	0.166,8	0.186,2	0.139,1	0.028,3	-0.050,1
	2.28 **	2.38 **	3.45 ***	3.41 ***	2.52 ***	0.57	-1.22
Intercept（截距項）	-0.348,5	0.062,5	-0.010,1	0.047,2	0.153,0	0.327,0	0.316,8
N	4,411	4,695	4,866	5,070	5,206	5,413	5,594
Adj-R²	0.350,5	0.348,8	0.364,2	0.312,9	0.284,1	0.252,3	0.286,5
F	73.11 ***	77.19 ***	85.43 ***	70.95 ***	63.57 ***	56.35 ***	69.05 ***

表 4-10 併購前後非 ST 公司資產負債率變動的多元迴歸結果（Change）

變量	前 2 年變動	前 1 年變動	當年變動	後 1 年變動	後 2 年變動	後 3 年變動
併購與否	-0.000,02	-0.022,6	0.037,0	-0.003,4	-0.002,2	-0.001,0
	0.00	-1.56	2.60 ***	-2.83 ***	-2.59 ***	-1.61
公司規模	-0.003,9	-0.003,7	0.016,8	-0.001,8	-0.002,8	-0.001,7
	-0.86	-0.66	3.03 ***	-3.92 ***	-8.33 ***	-6.64 ***
成長性	0.032,3	0.000,8	-0.004,1	0.007,5	0.000,45	-0.004,7
	3.25 ***	0.07	-0.34	7.45 ***	0.66	-8.67 ***

表4-10(續)

變量	前2年變動	前1年變動	當年變動	後1年變動	後2年變動	後3年變動
資產結構	0.114,0	0.060,6	-0.175,6	-0.010,2	-0.003,8	-0.002,1
	3.22***	1.39	-4.09***	-2.85***	-1.47	-1.07
盈利能力	-0.101,1	0.023,3	-1.074,0	-0.067,2	0.099,6	0.109,3
	-1.29	0.24	-11.26***	-8.46***	17.44***	25.41***
股權集中度	0.071,5	-0.026,8	0.012,05	0.012,03	0.005,9	-0.004,3
	1.58	-0.48	0.22	2.6***4	1.81*	-1.75*
中央政府所有	0.051,8	0.026,1	-0.090,5	-0.000,66	0.003,2	0.002,8
	3.08***	1.26	-4.43***	-0.39	2.62***	3***
地方政府所有	0.068,9	0.000,4	-0.084,1	-0.001,9	0.001,9	0.001,8
	5.37***	0.02	-5.41***	-1.46	2.05**	2.57***
兼任情況	0.025,93	-0.008,5	-0.022,5	0.000,8	0.000,5	-0.001,4
	1.6	-0.43	-1.15	0.48	0.47	-1.54
獨董比例	-0.324,2	-0.046,4	0.397,2	-0.007,8	0.003,8	-0.011,9
	-2.9***	-0.34	2.93***	-0.69	0.47	-1.95*
Intercept（截距項）	-0.006,4	0.205,7	-0.324,7	0.066,7	0.079,0	0.050,0
N	4,964	4,964	4,964	4,964	4,964	4,964
Adj R²	0.031,5	0.000,0	0.050,0	0.117,1	0.205,0	0.144,7
F	5.90	0.87	8.92	20.94***	39.82***	26.45***

表4-11 併購前後ST公司資產負債率水準的多元迴歸結果（Level）

變量	前3年	前2年	前1年	併購當年	後1年	後2年	後3年
併購與否	-0.047,7	-0.035,8	0.032,2	-0.150,5	-0.156,1	-0.157,1	-0.142,4
	-1.59	-0.98	0.72	-1.96**	-1.96**	-1.89*	-1.86*
公司規模	0.033,9	0.010,1	-0.005,9	-0.029,4	-0.026,4	-0.005,1	0.003,3
	4.35***	1.54	-0.83	-3.26***	-2.79***	-0.57	0.42
成長性	0.305,8	0.484,1	0.614,6	0.259,7	0.220,2	0.155,6	0.099,9
	9.23***	12.49***	13.22***	9.37***	9.44***	9.28***	8.43***
資產結構	-0.013,1	0.225,3	0.354,9	0.590,4	0.618,8	0.605,4	0.516,2
	-0.10	1.72*	2.38**	3.39***	3.56***	3.53***	3.36***
盈利能力	-1.453,4	-1.538,9	-1.511,6	-1.256,7	-1.258,8	-0.895,0	-0.795,8
	-11.00***	-11.66***	-9.73***	-6.16***	-6.04***	-4.33***	-3.92***

表4-11(續)

變量	前3年	前2年	前1年	併購當年	後1年	後2年	後3年
股權集中度	1.059,7	-1.130,4	-2.257,0	-3.687,6	-0.877,9	-1.237,1	-0.910,4
	0.67	-0.68	-0.99	-1.17	-0.35	-1.04	-1.29
中央政府所有	-0.096,8	0.049,8	-0.035,9	-0.199,5	-0.172,3	-0.082,6	-0.039,4
	-1.26	0.62	-0.39	-1.73 *	-1.51	-0.73	-0.4
地方政府所有	-0.036,4	0.022,0	0.005,7	-0.074,5	-0.118,7	-0.150,4	-0.154,8
	-0.79	0.47	0.1	-1.03	-1.61	-1.96 **	-2.22 **
兼任情況	0.061,1	0.123,0	0.164,9	0.110,1	0.065,8	0.015,9	-0.000,3
	1.06	2.23 **	2.68 ***	1.47	0.87	0.21	0.00
獨董比例	-0.572,4	-0.872,2	-0.896,5	-1.143,6	-0.174,8	0.005,1	-0.911,7
	-2.18 **	-2.75 ***	-2.32 **	-2.27 **	-0.32	0.01	-2.08 **
Intercept（截距項）	-0.460,1	-0.398,5	-0.042,4	1.365,7	1.227,0	0.919,4	0.815,3
N	351	441	482	515	547	585	632
Adj R^2	0.483,4	0.544,2	0.522,1	0.372	0.352,5	0.291,4	0.235,4
F	11.24 ***	16.92 ***	16.92 ***	10.23 ***	10.01 ***	8.28 ***	6.89 ***

表4-12　併購前後ST公司資產負債率變動的多元迴歸結果（Change）

變量	前2年變動	前1年變動	當年變動	後1年變動	後2年變動	後3年變動
併購與否	0.011,9	0.068,0	-0.182,7	-0.005,6	-0.001,0	0.014,7
	0.25	1.19	-2.11 **	-0.37	-0.06	0.95
公司規模	0.014,9	-0.001,6	-0.078,46	0.000,87	0.003,7	-0.002,5
	1.30	-0.11	-3.70 ***	0.24	0.83	-0.67
成長性	-0.082,8	0.012,0	0.250,2	0.021,8	0.025,4	-0.031,5
	-4.76 ***	0.52	7.80 ***	3.93 ***	3.79 ***	-5.48 ***
資產結構	-0.041,7	-0.189,3	0.671,9	0.053,7	0.018,2	-0.077,3
	-0.39	-1.45	3.42 ***	1.58	0.44	-2.20 **
盈利能力	-0.134,4	0.059,4	-1.325,9	-0.116,9	-0.116,6	0.186,4
	-1.05	0.38	-5.61 ***	-2.86 ***	-2.36 **	4.40 ***
股權集中度	-0.078,7	-0.017,2	-0.350,3	-0.044,6	-0.046,4	0.046,3
	-0.46	-0.08	-1.10	-0.80	-0.70	0.81
中央政府所有	0.026,1	0.022,2	-0.136,9	0.001,6	0.003,5	0.021,2
	0.37	0.26	-1.06	0.07	0.13	0.91
地方政府所有	0.002,1	-0.038,8	0.008,7	-0.007,5	0.013,4	-0.002,5
	0.05	-0.72	0.11	-0.53	0.79	-0.17
兼任情況	-0.118,7	0.064,5	0.123,2	0.004,4	0.043,1	-0.022,2

表4-12(續)

變量	前2年變動	前1年變動	當年變動	後1年變動	後2年變動	後3年變動
	-2.59***	1.15	1.46	0.29	2.43***	-1.47
獨董比例	-0.026,9	-0.072,7	-1.349,3	0.051,4	-0.007,7	0.011,7
	-0.08	-0.19	-2.3**	0.51	-0.06	0.11
0	0.032,59	-0.022,77	1.975,0	-0.038,6	-0.005,67	0.024,07
N	484	484	484	484	484	484
Adj R^2	0.065,2	0.000,0	0.340,1	0.198,9	0.188,4	0.177,4
F	2.02	0.88	8.54	4.63***	4.40***	4.40***

4.4.1.3 主並公司融資對資產負債率的影響分析

表4-9至表4-12的結果告訴我們，併購對主並公司的資產負債率水準及其變動產生了顯著影響，在這裡將從融資的角度，分析產生影響的原因。從融資理論的角度，資產負債率的變動源於企業內外融資的變動，即留存收益與股權融資的增加將降低資產負債率，而債權融資的增加將提高該比率。

表4-13是關於上市公司各類融資方式比例關係的統計數據。我們可以看出，從比重上看，上市公司融資由大至小分別是債權融資、內部融資和股權融資[1]，併購債權融資比重超過五成，這也是中國上市公司資產負債率逐年上升的主要原因，這一點我們應該反對所謂的中國上市公司「融資順序倒置」的謬論；從併購資金融通的角度看，相對於未發生併購的公司，主並公司更加依賴外部融資。

表4-13 併購與非併購公司各種融資方式的比例統計

時間	股權融資			內部融資			債權融資		
	併購	非併購	差額	併購	非併購	差額	併購	非併購	差額
前3年	0.193,9	0.184,5	0.009,4	0.326,8	0.331,9	-0.005,1	0.532,6	0.531,4	0.001,1
前2年	0.132,1	0.142,6	-0.010,5	0.332,5	0.342,2	-0.009,6	0.533,8	0.528,0	0.005,8
前1年	0.127,3	0.117,2	0.010,0	0.291,4	0.316,3	-0.024,8	0.659,2	0.560,4	0.098,8
當年	0.124,6	0.105,9	0.018,6	0.298,5	0.405,2	-0.106,5	0.723,5	0.575,5	0.147,9
後1年	0.096,3	0.065,5	0.030,9	0.208,7	0.340,4	-0.131,6	0.740,2	0.629,5	0.110,7
後2年	0.097,8	0.074,6	0.023,2	0.470,7	0.362,6	0.108,3	0.629,3	0.654,2	-0.024,9
後3年	0.108,5	0.074,7	0.033,8	0.437,2	0.367,6	0.069,6	0.584,7	0.545,0	0.039,8

---

[1] 需要說明的是，本文中「債務融資」的數量是樣本公司每年發生的付息債務扣減償還本金的數額。

本書又分別以併購前後 7 年的融資總額、內部融資數量及比例、股權融資數量及比例、債權融資數量及比例為被解釋變量，以併購啞變量為解釋變量，同時採用與前文相同的控制變量，使用 Level 模型和 Change 模型進行迴歸分析。為避免數據與表格的繁瑣，在此僅列示瞭解釋變量的迴歸結果，並將之綜合列示於表 4-14 和表 4-15。通過分析可以看出：

（1）從融資總額的角度看，主並公司在併購前 2 年就開始為併購活動進行準備，並在併購後為整合目標企業，仍需進一步提供資金支持。從年度間的融資變動看，主要表現在併購當年融資總額顯著高於上年，這主要是因為併購發生時需要大額的現金支付。

（2）從外部融資量上看，主並公司不論股權融資還是債權融資均顯著高於未發生併購的公司。同時，在併購的當年和併購後第 1 年債權融資增長明顯，股權融資的明顯增長主要發生於併購後第 1 年。

（3）從內部融資的數量看，在併購前 1 年和併購當年，主並公司內部融資數量顯著高於未發生併購的公司。為分析這一問題，筆者對併購前後淨利潤和分紅情況進行迴歸分析，發現其原因主要是併購前 1 年和併購當年，主並公司減少了分紅的數量。

（4）從各種融資方式的比重看，併購前主並公司對各類融資方式的偏好並無顯著差異，而併購當年主並公司的融資更加依賴債權融資，併購後則更加依賴於股權融資。此外由於債權融資的整體數量高於股權融資，由此而造成表 4-9 和表 4-10 中的情況，即併購後尤其是併購當年主並公司資產負債率顯著高於未發生併購的公司，而併購後由於股權融資比重相對上升，主並公司的資產負債率水準開始相對下降。

表 4-14　各種融資方式數量的迴歸結果

變量	前 3 年	前 2 年	前 1 年	併購當年	後 1 年	後 2 年	後 3 年
融資總額	0.135,0	0.186,0	0.388,0	0.964,0	1.010,0	0.968,0	1.140,0
	1.35	1.72*	2.66**	4.56***	3.92***	3.32***	3.19***
股權融資	0.699,1	0.720,7	1.159,6	0.849,5	1.495,9	0.933,3	1.235,5
	2.88***	3.04***	4.86***	3.48***	6.29***	3.83***	5.04***
債權融資	0.086,5	0.114,0	0.116,0	0.405,0	0.759,0	0.570,0	0.636,0
	2.18**	2.58***	2.25*	6.44***	4.38***	2.93***	2.91***
內部融資	0.004,0	-0.026,6	0.092,7	0.146,0	0.106,0	0.128,0	0.144,0
	0.11	-0.60	1.74*	1.91*	1.14	1.15	1.13

表4-14(續)

變量	前3年	前2年	前1年	併購當年	後1年	後2年	後3年
股權融資比例	0.006,4	-0.006,0	0.003,5	-0.003,4	0.033,0	0.015,6	0.032,4
	0.56	-0.64	0.37	-0.31	3.30***	1.40	3.19***
債權融資比例	0.004,6	0.013,8	0.093,2	0.101,9	0.062,4	-0.087,3	0.025,3
	0.10	0.27	1.35	4.62***	1.59	-0.95	0.34
內部融資比例	-0.010,9	-0.022,5	-0.043,9	-0.106,2	-0.138,5	0.091,6	0.061,7
	-0.24	-0.46	-0.67	-1.33	-1.61	1.19	0.92

表4-15　各種融資方式變動的迴歸結果

變量	前2年變動	前1年變動	當年變動	後1年變動	後2年變動	後3年變動
融資總額	0.051,0	0.202,0	0.576,0	0.042,8	-0.038,3	0.170,0
	0.43	1.41	3.04***	0.19	-0.14	0.53
股權融資	0.021,6	0.438,9	-0.310,1	0.646,4	-0.562,5	0.302,1
	0.07	1.45	-0.99	2.18**	-1.03	1.04
債權融資	0.027,6	0.002,0	0.289,0	0.354,0	-0.189,0	0.065,3
	0.52	0.03	4.12***	2.13**	-0.91	0.28
內部融資	-0.030,5	0.119,0	0.052,9	-0.039,4	0.021,7	0.016,6
	-0.83	2.73***	0.88	-0.49	0.23	0.15
股權融資比例	-0.012,3	0.009,4	-0.006,9	0.036,4	-0.017,4	0.016,8
	-0.90	0.77	-0.50	2.5***	-1.21	1.14
債權融資比例	0.009,2	0.079,4	0.053,7	-0.055,3	0.013,6	-0.022,2
	0.13	0.93	2.94***	-3.02***	0.78	-1.23
內部融資比例	-0.011,6	-0.021,4	-0.062,3	-0.032,3	0.230,2	-0.029,9
	-0.17	-0.26	-0.63	-0.29	2.13**	-0.31

4.4.2　併購與債務期限結構的關係

為確定併購對主並公司債務期限結構的影響，筆者採用併購發生的前後共7年的長期負債比率和短期借款比率作為被解釋變量，同時使用Level模型和Change模型對之進行迴歸。最終結果如表4-16至表4-19所示，從中我們可以看到：

（1）從總體上看，四個模型的擬合優度均比較理想，從 F 統計量上看，

模型均顯著，可以拒絕全部自變量為 0 的虛擬假設。

（2）從長期負債比率的角度，Level 模型迴歸結果顯示，主並公司併購後 3 年顯著高於未發生併購的公司；從短期負債比率的角度看，Change 模型顯示發生併購的公司低於未發生併購的公司。整體而言，併購的發生，會導致主並公司的債務期限拉長，增加債權人的風險。

（3）從控制變量來看，兩個模型的結論也基本一致。營業收入與長期負債比率顯著正相關而與短期借款比率負相關，說明公司規模增大後破產風險下降，從而得到債權人長期貸款的支持；固定資產的抵押性強，減少破產清算中債權人的損失，因此固定資產比重高的公司長期債務較多；從企業性質角度看，中央政府所有企業的長期負債比率較高。

表 4-16　併購前後長期負債比率水準的多元迴歸結果（Level）

變量	前 3 年	前 2 年	前 1 年	併購當年	後 1 年	後 2 年	後 3 年
併購與否	0.001,5	0.000,3	0.003,3	0.002,0	0.011,5	0.013,3	0.010,2
	0.30	0.06	0.72	0.43	2.51***	2.84***	2.11**
公司規模	0.002,9	0.003,2	0.002,7	0.001,5	-0.000,1	-0.001,0	-0.001,1
	1.66*	2.89***	2.55***	1.11	-0.08	-1.22	-1.41
成長性	-0.000,4	0.024,2	0.026,6	0.002,1	-0.003,4	-0.010,3	-0.010,2
	-0.06	3.63***	4.05***	0.63	-1.25	-5.34***	-6.85***
資產結構	0.255,6	0.250,6	0.219,2	0.182,8	0.140,4	0.115,8	0.117,8
	17.29***	17.84***	16.00***	13.48***	10.76***	8.81***	8.69***
盈利能力	-0.020,3	-0.038,6	-0.044,1	-0.042,6	-0.015,5	0.038,6	0.011,5
	-0.69	-1.54	-1.84*	-1.67*	-0.65	1.54	0.42
股權集中度	0.482,4	0.446,0	0.370,3	0.249,1	0.233,0	0.054,6	0.040,6
	3.35***	3.46***	3.11***	2.13**	3.20***	1.52	1.51
中央政府所有	-0.004,0	-0.002,9	-0.001,0	0.006,0	0.010,1	0.015,3	0.014,1
	-0.55	-0.42	-0.15	0.92	1.64	2.47***	2.25**
地方政府所有	0.010,4	0.008,4	0.009,8	0.012,0	0.012,9	0.012,9	0.010,2
	1.96**	1.68*	1.98**	2.46***	2.77***	2.75***	2.16**
兼任情況	-0.005,5	-0.010,4	-0.002,0	0.011,3	0.017,6	0.022,9	0.026,2
	-0.79	-1.56	-0.32	1.85*	3.05***	4.03***	4.64***
獨董比例	0.053,6	0.058,1	0.049,7	0.024,1	0.048,6	0.036,5	0.019,2
	1.85*	1.68*	1.28	0.57	1.19	0.94	0.53

表4-16(續)

變量	前3年	前2年	前1年	併購當年	後1年	後2年	後3年
ST公司	0.021,7	0.018,2	0.014,9	0.009,8	0.005,5	0.000,7	-0.011,2
	2.37**	2.21**	1.87*	1.25	0.75	0.10	-1.5
Intercept(截距項)	0.016,4	-0.038,5	-0.039,3	0.006,3	0.026,8	0.058,3	0.089,5
N	4,762	5,136	5,348	5,414	5,753	5,998	6,226
Adj R²	0.212,9	0.228,0	0.229,3	0.224,7	0.238,9	0.249,3	0.261,2
F	38.88***	45.60***	47.78***	47.15***	54.11***	59.56***	65.71***

表4-17 併購前後短期借款比率水準的多元迴歸結果（Level）

變量	前3年	前2年	前1年	併購當年	後1年	後2年	後3年
併購與否	-0.001,1	-0.004,3	-0.003,6	0.004,6	-0.000,4	0.007,4	0.003,1
	-0.13	-0.50	-0.43	0.54	-0.04	0.81	0.34
公司規模	-0.013,1	-0.007,2	-0.007,1	-0.013,7	-0.005,3	-0.003,1	-0.005,6
	-3.83***	-3.54***	-3.68***	-5.07***	-3.14***	-1.99**	-3.86***
成長性	0.029,1	0.011,9	-0.010,8	0.011,5	0.003,0	0.003,9	0.006,4
	2.62***	0.98	-0.90	1.80*	0.57	1.02	2.17**
資產結構	-0.375,1	-0.331,3	-0.297,4	-0.299,4	-0.228,4	-0.155,5	-0.139,5
	-13.93***	-13.04***	-11.96***	-12.03***	-9.20***	-6.12***	-5.39***
盈利能力	-0.214,1	-0.330,9	-0.317,4	-0.228,3	-0.345,2	-0.332,9	-0.256,1
	-4.01***	-7.31***	-7.32***	-4.85***	-7.53***	-6.85***	-4.86***
股權集中度	-1.096,9	-1.038,0	-0.937,2	-0.732,1	-0.450,6	-0.118,8	-0.080,6
	-4.28***	-4.46***	-4.31***	-3.41***	-3.23***	-1.69*	-1.56
中央政府所有	-0.017,7	-0.022,0	-0.021,3	-0.001,8	-0.002,2	-0.022,9	-0.009,8
	-1.35	-1.80*	-1.78*	-0.15	-0.19	-1.91*	-0.82
地方政府所有	-0.029,5	-0.025,2	-0.029,2	-0.020,8	-0.021,5	-0.029,0	-0.022,3
	-3.09***	-2.77***	-3.27***	-2.34**	-2.43**	-3.19***	-2.46***
兼任情況	0.007,3	0.019,3	0.023,0	-0.016,1	-0.016,2	-0.037,6	-0.057,0
	0.58	1.61	1.99**	-1.42	-1.48	-3.42***	-5.29***
獨董比例	-0.019,8	-0.004,1	-0.028,1	-0.036,1	-0.025,2	-0.021,1	-0.023,3
	-0.38	-0.07	-0.40	-0.46	-0.32	-0.28	-0.33
ST公司	0.002,0	0.006,0	0.017,3	0.012,8	-0.000,4	0.001,2	0.003,7
	0.12	0.40	1.2	0.89	-0.03	0.08	0.26
Intercept(截距項)	1.050,0	0.953,6	0.995,5	1.145,5	0.981,8	0.941,4	1.013,6

表4-18(續)

變量	前3年	前2年	前1年	併購當年	後1年	後2年	後3年
N	4,521	5,108	5,309	5,070	5,666	5,894	6,080
Adj R²	0.174,9	0.166,9	0.168,7	0.195,6	0.168,0	0.162,0	0.181,3
F	29.19***	31.1***	32.68***	37.26***	34.63***	34.51***	40.60***

表4-18 併購前後長期負債比率變化的多元迴歸結果（Change）

	前2年變動	前1年變動	當年變動	後1年變動	後2年變動	後3年變動
併購與否	0.000,1	0.006,0	-0.004,8	0.003,6	-0.002,7	-0.008,6
	0.03	1.67*	-1.37	1.07	-0.77	-2.52***
公司規模	0.001,1	0.000,6	-0.001,5	-0.002,4	-0.002,0	-0.001,7
	1.20	0.79	-1.45	-3.61***	-3.23***	-3.13***
成長性	0.021,9	0.009,5	-0.008,3	-0.009,6	-0.007,3	-0.004,6
	3.97***	1.88*	-3.25***	-4.77***	-5.00***	-4.40***
資產結構	-0.016,4	-0.031,1	-0.061,0	-0.060,9	-0.055,9	-0.046,6
	-1.41	-2.94***	-5.92***	-6.25***	-5.62***	-4.87***
盈利能力	-0.054,1	-0.087,0	-0.079,3	-0.092,6	-0.032,7	-0.019,8
	-2.61***	-4.70***	-4.08***	-5.15***	-1.73*	-1.03
股權集中度	0.012,7	-0.107,7	-0.164,5	0.047,9	-0.004,3	-0.000,7
	0.12	-1.17	-1.85*	0.88	-0.16	-0.04
中央政府所有	-0.005,6	-0.004,1	-0.005,2	-0.001,9	-0.001,7	-0.001,1
	-1.01	-0.83	-1.11	-0.44	-0.41	-0.27
地方政府所有	0.002,6	0.027,1	0.018,3	0.057,1	0.032,5	0.019,6
	0.09	0.90	0.57	1.87*	1.11	0.76
兼任情況	-0.006,0	-0.013,5	-0.013,3	-0.012,7	-0.012,8	-0.009,4
	-0.88	-2.21**	-2.23**	-2.31**	-2.29**	-1.78*
獨董比例	-0.003,4	-0.000,9	0.001,8	0.001,1	0.005,4	0.000,3
	-0.61	-0.18	0.36	0.23	1.16	0.06
ST公司	-0.005,2	-0.004,3	-0.005,8	-0.008,3	-0.002,6	-0.002,4
	-1.26	-1.14	-1.58	-2.38***	-0.72	-0.73
Intercept（截距項）	-0.028,7	-0.004,2	0.067,3	0.058,8	0.065,6	0.077,1
N	5,136	5,348	5,414	5,753	5,998	6,226

表4-18(續)

	前2年變動	前1年變動	當年變動	後1年變動	後2年變動	後3年變動
Adj R²	0.009,4	0.010,9	0.019,9	0.026,4	0.023,2	0.023,7
F	2.43***	2.73***	4.24***	5.59***	5.19***	5.44***

表4-19 併購前後短期借款比率變化的多元迴歸結果（Change）

變量	前2年變動	前1年變動	當年變動	後1年變動	後2年變動	後3年變動
併購與否	-0.015,4	0.000,1	-0.015,4	-0.050,4	-0.045,4	-0.054,6
	-1.70*	0.01	-1.85*	-5.60***	-4.86***	-5.75***
公司規模	-0.01	-0.009,7	-0.009,0	-0.010,1	-0.012,2	-0.017,2
	-4.64***	-4.71***	-3.4***	-5.68***	-7.50***	-11.42***
成長性	0.051,9	0.058,0	-0.004,9	0.016,1	0.009,8	0.001,7
	4.05***	4.55***	-0.79	2.96***	2.51***	0.55
資產結構	-0.095,5	-0.107,9	-0.084,6	-0.073,0	-0.052,3	-0.085,1
	-3.56***	-4.09***	-3.45***	-2.83***	-2.00**	-3.19***
盈利能力	0.360,8	0.376,4	0.297,6	0.398	0.413,6	0.582,8
	7.54***	8.17***	6.42***	8.35***	8.27***	10.74***
股權集中度	-0.154,5	-0.221,2	-0.047,8	-0.041,4	-0.022,0	-0.119,7
	-0.63	-0.96	-0.23	-0.29	-0.30	-2.25**
中央政府所有	0.002,1	-0.007,3	-0.028,6	-0.038,4	-0.056,4	-0.067,7
	0.17	-0.60	-2.55***	-3.36***	-4.97***	-6.09***
地方政府所有	-0.023,4	-0.043,0	-0.006,8	-0.116,4	-0.016,3	-0.003,4
	-0.36	-0.58	-0.09	-1.44	-0.21	-0.05
兼任情況	-0.044,4	-0.043,7	-0.065,3	-0.065,9	-0.050,4	-0.030,1
	-2.81***	-2.86***	-4.61***	-4.51***	-3.39***	-2.03**
獨董比例	0.013,5	0.009,4	-0.021,3	0.021,5	0.018,8	0.055,7
	1.04	0.74	-1.78*	1.76*	1.52	4.51***
ST公司	-0.025,1	-0.036,9	-0.040,9	-0.030,5	-0.028,5	0.002,2
	-2.61***	-3.89***	-4.66***	-3.32***	-3.05***	0.23
Intercept（截距項）	0.261,2	0.308,1	0.361,2	0.388,9	0.414,3	0.539,8
N	5,108	5,309	5,070	5,666	5,894	6,080
Adj R²	0.041,5	0.045,5	0.037,2	0.062,9	0.076,8	0.091,3
F	7.50***	8.44***	6.77***	12.18***	15.42***	18.97***

4.4.3 併購與短期償債能力的關係

為確定併購對主並公司短期償債能力的影響，本書採用併購發生的前後共 7 年的現金比率作為被解釋變量，同時使用 Level 模型和 Change 模型對之進行迴歸，最終結果如表 4-20 和表 4-21 所示。同時在穩健性檢驗中使用了流動比率作為被解釋變量進行迴歸，二者結論基本一致。通過兩張表格我們可以發現：

（1）從整體上看，迴歸模型的擬合優度比較理想，F 統計量均顯著，可以拒絕全部自變量為 0 的虛擬假設。

（2）在 Level 模型中，併購前 3 年解釋變量迴歸系數均高度不顯著，而在併購當年和併購後 3 年，主並公司的現金比率顯著低於非併購公司；在 Change 模型中，併購當年主並公司現金比率較上年下降明顯，而在併購前 1 年和併購後的 3 年現金比率均較上一年度有所上升，並在統計上顯著。針對這一現象，我們可以得出如下結論：第一，併購使主並公司的短期償債能力下降，無法按期還本付息的可能性上升，增加了債權人的風險；第二，併購前 1 年現金比率的上升，可能是主並公司為來年進行併購而儲備資金的暫時上升，併購當年現金比率下降的一個重要原因則是併購引發的大量現金支付①，併購後 3 年的逐步上升，是因為併購當年現金過度支付的後續效應。

（3）對於 ST 公司而言，Level 模型中的啞變量的系數顯著為負，同時筆者也對 ST 公司進行了單獨迴歸分析，其 Level 模型中併購當年和併購後 3 年解釋變量的迴歸系數顯著為正（為避免表格和數據的繁瑣，未在文中列明）。

表 4-20　併購前後現金比率水準的多元迴歸結果

變量	併購前 3 年	併購前 2 年	併購前 1 年	併購當年	併購後 1 年	併購後 2 年	併購後 3 年
併購與否	−0.012,2	−0.025,5	0.012,1	−0.111,2	−0.060,2	−0.044,6	−0.038,3
	−0.58	−1.19	0.55	−5.17 ***	−5.44 ***	−5.61 ***	−5.47 ***
公司規模	−0.042,3	−0.053,6	−0.080,8	−0.113,5	−0.055,0	−0.038,3	−0.028,5
	−5.48 ***	−6.85 ***	−10.06 ***	−14.45 ***	−13.63 ***	−13.17 ***	−11.13 ***
成長性	0.053,4	0.071,6	0.090,1	0.070,3	0.044,9	0.033,9	0.029,3
	3.45 ***	4.56 ***	5.59 ***	4.46 ***	5.54 ***	5.81 ***	5.71 ***
資產結構	−0.386,9	−0.467,6	−0.652,5	−0.827,3	−0.519,9	−0.409,9	−0.370,1

---

① 得出此結論的一個重要原因是中國併購的支付方式基本上是現金支付，這在第 2 章已經詳細說明。

表4-20(續)

變量	併購前3年	併購前2年	併購前1年	併購當年	併購後1年	併購後2年	併購後3年
盈利能力	−6.23 ***	−7.44 ***	−10.10 ***	−13.10 ***	−16.01 ***	−17.55 ***	−17.99 ***
	0.571,0	0.835,4	1.571,2	2.459,0	1.443,9	1.064,8	0.978,9
	4.74 ***	6.85 ***	12.54 ***	20.08 ***	22.93 ***	23.50 ***	24.54 ***
股權集中度	0.156,4	0.084,0	0.111,7	0.222,7	0.144,6	0.141,8	0.122,9
	1.92 *	1.02	1.32	2.69 ***	3.40 ***	4.63 ***	4.56 ***
中央政府所有	0.057,6	0.117,3	0.131,6	0.111,3	0.046,3	0.029,6	0.025,6
	1.90 *	3.82 ***	4.17 ***	3.61 ***	2.92 ***	2.59 ***	2.55 **
地方政府所有	−0.011,2	0.030,3	0.059,9	0.033,3	0.013,4	0.012,2	0.011,5
	−0.49	1.31	2.53 **	1.44	1.12	1.43	1.53
兼任情況	0.013,5	0.074,1	0.021,3	−0.050,0	−0.022,2	−0.012,2	−0.007,8
	0.48	1.59	0.73	−1.75	−1.51	−1.15	−0.84
獨董比例	−0.330,4	−0.435,9	−0.320,2	−0.139,2	−0.040,5	−0.019,5	−0.030,7
	−1.69 *	−2.20 **	−1.57	−0.70	−0.40	−0.27	−0.47
ST公司	−0.367,9	−0.360,1	−0.374,0	−0.395,4	−0.232,4	−0.197,0	−0.162,6
	−10.22 ***	−9.87 ***	−9.97 ***	−10.79 ***	−12.33 ***	−14.53 ***	−13.62 ***
Intercept(截距項)	1.669,6	1.775,5	2.352,9	3.108,3	1.660,3	1.169,2	0.939,3
N	5,448	5,448	5,448	5,448	5,448	5,448	5,448
Adj R²	0.072,9	0.088,3	0.132,9	0.195,0	0.233,9	0.261,9	0.264,8
F	13.60 ***	16.52 ***	25.56 ***	39.81 ***	49.91 ***	57.71 ***	58.69 ***

表4-21 併購前後現金比率變化的多元迴歸結果

變量	前2年變動	前1年變動	當年變動	後1年變動	後2年變動	後3年變動
併購與否	−0.013,3	0.037,6	−0.123,3	0.051,0	0.015,6	0.006,3
	−0.72	1.97 **	−6.33 ***	3.84 ***	3.08 ***	2.24 **
公司規模	−0.011,3	−0.027,2	−0.032,7	0.058,4	0.016,8	0.009,8
	−1.68 *	−3.90 ***	−4.60 ***	12.06 ***	9.10 ***	9.53 ***
成長性	0.018,2	0.018,6	−0.019,8	−0.025,4	−0.011,0	−0.004,6
	1.35	1.32	−1.39	−2.61 ***	−2.98 ***	−2.22 **
資產結構	−0.080,8	−0.184,9	−0.174,7	0.307,3	0.110,0	0.039,9
	−1.50	−3.29 ***	−3.06 ***	7.88 ***	7.41 ***	4.82 ***
盈利能力	0.264,4	0.735,8	0.887,8	−1.015,1	−0.379,1	−0.085,9
	2.53 **	6.76 ***	8.02 ***	−13.43 ***	−13.17 ***	−5.36 ***
股權集中度	−0.072,4	0.027,7	0.111,0	−0.078,1	−0.002,8	−0.018,9

4 併購對債權人的影響 | 99

表4-21(續)

變量	前2年變動	前1年變動	當年變動	後1年變動	後2年變動	後3年變動
	-1.03	0.38	1.48	-1.53	-0.14	-1.74*
中央政府所有	0.059,8	0.014,3	-0.020,3	-0.065,0	-0.016,6	-0.004,0
	2.27**	0.52	-0.73	-3.41***	-2.30	-0.99
地方政府所有	0.041,5	0.029,6	-0.026,6	-0.019,9	-0.001,1	-0.000,7
	2.10**	1.43	-1.27	-1.39	-0.21	-0.24
兼任情況	0.004,5	0.003,3	-0.071,4	0.027,8	0.010,1	0.004,3
	0.18	0.13	-2.75***	1.57	1.50	1.16
獨董比例	-0.105,5	0.115,7	0.181,0	0.098,6	0.021,1	-0.011,2
	-0.62	0.65	1.01	0.80	0.45	-0.43
ST公司	0.007,8	-0.013,9	-0.021,5	0.163,0	0.035,4	0.034,4
	0.25	-0.43	-0.65	7.21***	4.11***	7.17***
Intercept (截距項)	0.105,9	0.577,4	0.755,4	-1.448,1	-0.491,1	-0.229,9
N	5,448	5,448	5,448	5,448	5,448	5,448
Adj R²	0.006,0	0.018,1	0.031,8	0.108,6	0.118,3	0.098,8
F	1.97***	3.96***	6.27***	20.51***	22.49***	18.56***

4.4.4 併購與利息保障倍數的關係

表4-22列示了利息保障倍數的Level模型的迴歸結果（Change模型不顯著，故未列示）。通過分析我們可以發現：模型的擬合優度較好，F值高度顯著，拒絕全部自變量為0的假設。併購與否解釋變量的迴歸系數均為負值，尤其從併購前1年開始，統計上顯著，這說明主併公司在併購前後的利息保障倍數低於未發生併購的公司。如前面所指出（表4-7），此處計算「利息保障倍數」使用的公式是「（利潤+實際利息支出）/實際利息支出」，為保證結論的穩健性，本書也採用了「（稅前利潤+實際利息支出）/實際利息支出」的公式計算利息保障倍數，其結論完全一致，說明該實證分析的結論是穩健的，即併購降低了主併公司按期還本付息的能力，增加了債權人的風險。

表4-22 併購及併購後利息保障倍數水準的多元迴歸結果

變量	前3年	前2年	前1年	併購當年	後1年	後2年	後3年
併購與否	-1.562,5	-0.354,1	-2.345,8	-3.101,3	-2.613,0	-3.080,5	-2.651,0

表4-22(續)

變量	前3年	前2年	前1年	併購當年	後1年	後2年	後3年
	-1.33	-0.28	-1.84*	-2.10**	-1.5	-1.72*	-1.31
公司規模	0.138,2	0.623,6	0.702,5	0.343,5	0.218,4	0.046,2	0.350,1
	0.27	1.90*	2.08**	0.58	0.59	0.14	1.01
成長性	-3.652,3	-2.107,4	3.858,9	3.623,6	5.947,3	5.929,2	4.761,6
	-2.24**	-1.04	1.85*	2.82***	4.65***	6.39***	5.96***
資產結構	-3.219,8	-6.827,6	-6.475,8	-6.464,4	-5.390,4	-12.091,8	-15.722,1
	-0.89	-1.80*	-1.68*	-1.44	-1.04	-2.31**	-2.63***
盈利能力	129.818,7	166.839,9	186.055,0	200.990,7	215.351,2	199.037,3	218.569,8
	15.58***	21.53***	24.01***	20.19***	19.49***	16.90***	15.5***
股權集中度	20.719,3	43.046,1	47.929,3	43.097,7	-1.595,8	-24.045,3	-21.839,8
	0.60	1.29	1.51	1.19	-0.06	-1.79*	-1.98**
中央政府所有	5.539,7	5.551,7	2.535,4	3.544,3	5.069,4	7.327,6	11.692,0
	3.21***	3.11***	1.40	1.70*	2.15**	3.10***	4.43***
地方政府所有	1.372,3	1.642,8	0.929,2	1.505,2	3.599,3	4.033,9	4.051,1
	1.07	1.22	0.67	0.95	1.99**	2.22**	2.01**
兼任情況	-1.703,6	-1.690,0	0.170,6	-0.721,7	-1.759,6	-3.039,2	-3.558,2
	-1.01	-0.94	0.09	-0.35	-0.76	-1.35	-1.45
獨董比例	-5.944,5	2.319,0	-3.770,4	-12.612,6	-2.342,1	-16.834,9	-16.032,7
	-0.85	0.25	-0.34	-0.89	-0.15	-1.10	-1.01
Intercept (截距項)	5.123,5	-8.440,3	-14.897,6	-6.522,9	-7.087,5	-0.130,2	-12.710,8
N	4,318	4,618	4,803	4,813	5,145	5,344	5,497
Adj R^2	0.068,3	0.112,8	0.129,2	0.107,8	0.095,1	0.086,6	0.074,6
F	10.59***	18.79***	22.59***	18.62***	17.38***	16.34***	14.43***

4.4.5 併購與債權人收益率的關係

資本結構、債務期限結構、現金比率和利息保障倍數是衡量企業長短期償債能力的指標，從另一個角度看就是債權人因貸款而承擔的風險。要衡量債權人的財富效應，還要關注債權人的收益情況，由於債權人的所得就是債務人的所付，因此此處以上市公司「利息支付比率」作為被解釋變量，衡量併購對債權人收益的影響。

在這裡需要說明的是，從被解釋變量的計算結果看，很多上市公司的利息支付比率很低，近10%的公司小於5%，因此無法使用縮尾處理。根據2001—2010年央行制定的基準利率和關於商業銀行貸款利率上下限的規定，筆者對

利息支付比率過低及少數比率過高（如有的公司超過50%甚至100%）的樣本公司進行了剔除，最終的Level模型迴歸結果如表4-23所示（Change模型擬合程度過低，故未列示）。

通過分析我們發現，併購當年和併購後3年主並公司的利息支付比率均顯著低於未發生併購的公司，說明併購後主並公司債權人在風險上升的同時，收益率不僅沒有上升，反而顯著下降，併購對債權人具有顯著的財富負效應。

表4-23　併購及併購後利息支付比率水準的多元迴歸結果

變量	前3年	前2年	前1年	併購當年	後1年	後2年	後3年
併購與否	-0.003,3	0.001,6	-0.001,0	-0.001,9	-0.003,0	-0.005,3	-0.002,9
	-1.91*	0.81	-0.53	-2.32**	-1.70*	-2.97***	-1.97***
公司規模	0.000,7	-0.002,4	-0.002,7	0.001,9	-0.000,3	0.000,1	0.000,4
	0.92	-4.61***	-5.11***	2.86***	-0.60	0.23	1.05
成長性	-0.001,6	-0.002,5	0.000,6	0.000,9	0.000,5	0.001,4	0.002,3
	-0.68	-0.75	0.18	0.62	0.37	1.33	2.56***
資產結構	-0.011,6	-0.029,5	-0.034,5	-0.024,1	-0.030,5	-0.027,0	-0.031,6
	-2.18**	-4.80***	-5.8***	-4.94***	-5.67***	-5.00***	-5.34***
盈利能力	0.089,7	0.131,1	0.152,0	0.109,2	0.153,3	0.160,7	0.170,9
	7.19***	9.68***	11.04***	8.68***	11.83***	12.37***	12.04***
股權集中度	-0.106,0	-0.085,9	-0.099,3	-0.099,0	-0.014,9	0.006,8	0.006,9
	-2.06**	-1.61	-1.99**	-2.37***	-0.56	0.47	0.56
中央政府所有	-0.001,1	0.003,2	0.007,4	0.003,2	0.001,8	0.001,9	0.004,9
	-0.41	1.10	2.57***	1.35	0.71	0.77	1.84*
地方政府所有	0.001,0	0.001,4	0.004,9	0.001,7	-0.001,9	-0.000,4	0.002,5
	0.56	0.65	2.34**	1.02	-1.00	-0.22	1.27
兼任情況	0.000,1	-0.001,3	0.003,2	0.002,7	-0.002,2	0.001,1	-0.001,8
	0.02	-0.44	1.14	1.21	-0.96	0.79	-0.73
獨董比例	0.009,7	-0.009,3	0.012,1	-0.002,8	-0.017,5	-0.022,4	-0.016,9
	0.95	-0.61	0.68	-0.18	-1.03	-1.41	-1.06
Intercept	0.068,8	0.137,3	0.141,9	0.035,7	0.094,7	0.082,8	0.075,6
N	2,428	2,732	2,929	3,070	3,700	3,927	3,529
Adj R-squared	0.056,3	0.054,7	0.080,5	0.076,8	0.077,7	0.079,8	0.083,7
F	5.39***	5.79***	8.77***	8.74***	10.45***	11.27***	10.77***

4.5 小結

在這一章中，筆者以 2004—2007 年深滬兩市所有 A 股公司為樣本，研究了併購對主併公司債權人併購前後 7 年內影響。通過整理，可得出如下結論。

（1）相對於未發生併購的上市公司，併購使主併公司的資產負債率偏高，而短期借款比率、現金比率、流動比率、利息保障倍數偏低，即併購降低了主併公司的長期與短期負債能力，使得主併公司債權人承受了更多的風險。

（2）相對於未發生併購的上市公司，併購使主併公司的利息支付比率偏低，即併購降低了主併公司的負債成本，使得主併公司債權人的收益率下降。更高的風險與更低的收益，併購公司債權人的財富效應顯著為負。

（3）相對一般公司而言，ST 公司在各類迴歸模型中，結論均相反，即 ST 公司債權人並未因併購而受損。而造成這一異常的主要原因在於 ST 公司併購資金源於股東投入，代理成本相對較低。

（4）從融資方式的角度看，債權融資、內部融資、股權融資對於上市公司而言依次減弱，中國並不存在所謂「融資順序倒置」的問題；從融資總量上看，主併公司在併購前後融資總量明顯高於未發生併購時公司的融資總量；從各類融資的比例關係看，併購前主併公司與其他公司並無明顯差異。

5 併購對高管與員工的影響

在前兩章中，我們研究了併購對主並公司的流通股股東以及債權人的影響，並得出結論：併購活動給流通股股東帶來顯著的財富損失，給債權人帶來更大的風險以及更少的收益。本章將轉入併購給人力資本所有者——高管人員以及普通員工帶來的財富效應研究，以併購後主並公司高管人員和普通員工的薪酬是否發生變動為視角進行實證分析。

5.1 文獻回顧與理論分析

5.1.1 薪酬、在職消費的概念

由於在公司內的分工與地位的差異，人力資本所有者經常被分為高管人員與普通員工兩類。儘管如此，二者財富均源於勞動所得，也稱被經常「薪酬」。因此在分析併購對高管人員和普通員工的影響前，首先要明確「薪酬」的概念。

今天的「薪酬」一詞對應的英文單詞是「compensation」，但是在歷史上，「薪酬」並不總是以 compensation 表示，而是經歷了 wage→salary→compensation→total rewards 四個階段。從人力資源學的角度，各個概念的差異如表 5-1 所示。從表中可以看出，工資（wage）概念主要在 1920 年以前被企業廣泛採用，主要的支付對象是從事體力勞動的藍領工人，他們根據每天的工作時間領取報酬，其中基本工資占到了絕大部分的比例。1920 年後，出現了薪水（salary）的概念，早期的支付對象主要是白領，他們的報酬在每一階段單位時間（如一個月）領取一次，福利比重相較於「工資」有所上升；這之後，一些大型企業為培養雇員的團隊精神、鼓勵團隊合作，雇員中的薪水階層和工資階層的區別開始模糊化，此時很多藍領工人也開始領取薪水。從 1980 年開始，compensation 的概念為大多數人所接受，這個概念暗含薪酬的支付方與被支付方之

間是一種交換的關係，勞動者為企業付出勞動，企業支付給勞動者報酬。近年來，由於企業支付報酬形式的多樣化，各種顯性與隱性的報酬形式不斷出現，研究薪酬的專家開始引入「總收入」（total rewards）的概念。

表 5-1　wage、salary、compensation 的比較

類別	時期	對象	支付構成
wage（工資）	1920 年以前	藍領	基本工資、福利（少於 5%）
salary（薪水）	1920—1980 年	白領、藍領	基本工資、福利（少於 15%）
compensation（薪酬）	1980 年以後	白領、藍領	基本工資（30%）、福利（30%）、其他（40%）

資料來源：文躍然. 薪酬管理原理［M］. 上海：復旦大學出版社，2007.

從財務學或公司治理的角度，我們更關注的是薪酬的組成與功效。現代公司的薪酬，廣義上一般包括了基本工資、獎金、權益性薪酬、在職消費和福利，其中權益性薪酬包括股票、股票期權等，而福利包括保障計劃、帶薪非工作時間、服務（為其家庭提供補助，如學費補助和子女入托補助）等。這些貨幣性與非貨幣性的報酬，對於高管人員和普通員工是一致的，只是比重不同，尤其是在權益性薪酬和在職消費兩個層面。

基本工資是薪酬中最基本的部分，是沒有風險的薪酬，不論公司經營狀況如何，員工均可獲得，保障了其基本利益；獎金一般與一定時期內的經營目標相聯繫，是與企業短期目標相聯繫的一種激勵手段；權益性報酬則與長期激勵相聯繫，通過長短期目標的結合，實現企業的可持續發展。狹義的薪酬主要是指貨幣性薪酬，即通過契約加以約束的相對固定的或與業績掛勾的報酬，本章研究的薪酬主要是指狹義定義。

在職消費是因職務和工作需要而產生的消費，在各國都普遍存在，但各個行業、不同企業並沒有一致的標準和內容，理論界也尚未形成權威的定義。美國學者伯利和米因斯（1932）認為公司管理層以代理權實現對公司的控制，以犧牲股東利益為代價實現自身的利益。同時指出擁有公司控制權的管理者作為所有者的代理人，除了追求更高的貨幣收益外（包括更高的薪金、獎金、津貼等），還力圖獲取盡可能多的非貨幣收益，即企業高管人員獲取除工資報酬外的額外收益。在職消費的內容可概括為八大類：辦公費、差旅費、業務招待費、通信費、出國培訓費、董事會費、小車費和會議費。這些項目容易成為高管人員獲取非貨幣性薪酬的捷徑，將私人支出轉嫁為企業費用。有學者認

為，由於企業正常經營活動的需要以及契約不完備性，使在職消費在一定程度上具有合理性。特別是在受薪酬管制的國有企業，在職消費已演變為管理者替代性薪酬的重要組成部分。

絕對的貨幣性薪酬具有顯性以及非市場性（平均主義而非「量身定做」）的特點，相對較容易管制；而在職消費則具有隱性、非貨幣性以及多樣性的特點，難以控制。

5.1.2 高管薪酬相關理論回顧

中國上市公司特別是國有上市公司，大多數由原來的國有企業改制而來，因此，不可避免地出現所有者缺位所引發的嚴重的高管代理問題。

5.1.2.1 管理層權力論

高管可能利用權力制定有利於自身的薪酬體系，或通過相關決策如併購等大的事件擴大投資規模，從而擴大控制的資產規模進一步擴大手中的權力，為其提供重構權力和薪酬的機會。該理論適用於董事會獨立性不強、對高管的監管力度不大的情況。儘管大多所有者希望通過一個完善的契約來約束管理者行為，使其利益跟自身利益保持一致。但契約的有限性，無法有效地制衡高管的行為，使其尋租成為可能。

5.1.2.2 行為決策理論

行為決策理論認為高管做出的決策時，必須考慮自身的職業安全和收入保障，即根據自身的利益來實施企業戰略。因此，在這一理論裡，主要考慮併購行為引發的風險是否給高管帶來更高的收益抑或導致更大的損失。決策行為取決於高管對風險的取向。如果併購可能給企業帶來收益，同時將伴隨更大風險，高管可能更多考慮風險帶來的職業或收入的負面影響，拒絕併購行為。因此，高管做出的決策不會從企業整體戰略出發，而是更多地考慮自身利益。

5.1.2.3 管理主義

管理主義（managerialism）指出，高管薪酬水準和企業併購行為是正相關的。儘管併購會帶來很高的風險，但併購後的一個直接後果是企業的規模能迅速擴大，這使高管能獲得如下好處：更高的聲譽、更大的權力、更低的薪酬風險、更低的雇傭風險以及更便利地利用合法手段為自己的高收入正名。[①] 該理論也得到相關實證支持，如企業的規模與高管的薪酬是正相關的，企業績效和

---

① GOMEZ-MEJIA L, WISEMAN R M. Reframing executive compensation: An assessment and outlook [J]. Journal of management, 1997, 23 (3): 291-365.

高管的薪酬水準是正相關，等等。

5.1.3 併購與薪酬的相關實證研究

要研究併購與薪酬的關係，必須回答以下幾個問題：第一，併購是否影響員工薪酬，尤其是高管的薪酬。第二，如果有影響，那麼這種財富效應是正的還是負的；如果沒有影響，那麼究竟是什麼原因。第三，如果是正的財富效應，其中的邏輯關係是什麼？是併購提升了主並公司業績進而提高了薪酬，還是併購擴大了公司規模進而提高了薪酬？薪酬主要取決於業績還是規模？

對於這些問題，實證研究的結論莫衷一是。

在高管薪酬與公司業績的關係方面，美國學者多以股價衡量公司業績，而中國學者多以財務指標衡量公司業績。Jensen 和 Murphy（1990）以 1969—1980 年美國上市公司為樣本，研究發現股東財富增加 1,000 美元，高管薪酬僅增長 3.25 美元，二者的正相關關係雖然在統計上顯著，但在經濟上並不顯著；Brain 等（1995）批評了 Jensen 等的觀點，認為前者採用的樣本年度中，期權被大量使用，而用 1980—1994 年的數據，薪酬與公司業績的正相關關係在統計上和經濟上均顯著。中國學者李增泉（2000）以 1998 年深滬兩市 700 餘家公司為樣本，發現董事長和總經理的年度報酬與公司業績不相關，而與企業規模和所在地區密切相關；張暉明等（2002）以 2000 年滬市上市公司為樣本，發現高管人員報酬和持股水準與淨資產收益率和主營業務收入表示的企業業績顯著正相關；楊蕙馨等（2006）以 EPS（每股盈餘）、ROE、ROA 等指標通過主成分法衡量 2002—2004 年上市公司業績，也得出高管薪酬與業績顯著正相關的結論；方軍雄（2009）以 2001—2007 年上市公司為樣本，發現高管薪酬與公司淨利潤水準顯著正相關，同時具有黏性特徵，即利潤上升時薪酬的增長幅度高於業績下降時薪酬減少的幅度。

當然，關於高管人員薪酬和在職消費與企業業績相關實證研究的文獻相對較多，而關於併購與薪酬的研究大多集中於高管層面。Bliss 和 Rosen（2001）在對銀行併購的研究中發現，主並銀行在併購中產生顯著為負的累積超常收益，但股價的下跌並未導致高管的財富下降；Yaniv 和 Paul（2004）通過對 1993—1999 年的 327 個併購事件研究發現，CEO 對董事會具有影響力並決定了公司的併購決策，收購完成後企業規模擴大，成為 CEO 獲取併購獎金的理由。Crinstein 等在西方 CEO 薪酬制度背景下，研究 CEO 從併購事件中獲得的報酬和其對併購動因的影響，發現作為擁有管理權的 CEO 具有強烈動機追逐併購帶來的高額報酬。陳慶勇等（2008）研究了 1999—2002 年 55 起併購活

動，發現併購後第一年的高管薪酬相對併購當年幅度增長較大，而且顯著，並將其歸因於併購的實施。張龍等（2006）以深滬兩市1,200個併購事件作為樣本，實證分析了高管薪酬水準對企業併購行為的影響，得出二者之間是顯著正相關關係。張鳴（2007）在研究高管薪酬是否是併購的利益驅動時，利用2002—2004年505起併購事件樣本進行了實證，結論是併購前後企業業績變化不大，也未帶來高管薪酬的變化。這一結論，與本書實證的結果相符。李善民等（2009）通過對1999—2007年的上交所與深交所A股上市公司的併購事件的研究得出，高管發動併購事件的主要目的在於謀取更多的在職消費的隱形收入，而貨幣性薪酬的增長只是次要目的，文章還指出在職消費對高管貨幣性薪酬有較強的替代作用。曲驍陽在研究非貨幣性控制權私有收益對企業併購決策的影響時，得出非貨幣性控制權私有收益作為一種隱性的激勵因素，雖不如貨幣性薪酬有顯著的影響，但其對企業的併購決策的影響程度仍是不容忽視的，明確指出非貨幣性控制權私有收益中含有在職消費。

大多數併購行為基於薪酬方面的研究多集中於高管層面，它給普通員工究竟帶來何種影響，相關文獻卻極為罕見。在一篇關於併購後人力資源如何整合的文章中，該文章作者主要致力於研究如何建立企業員工報酬機制來更好地激勵員工為併購後的企業效力，而沒有任何實證研究結論表明併購對員工產生什麼樣的影響、帶來什麼樣的後果。另外，在方軍雄（2009）研究上市公司高管薪酬是否存在黏性的問題時簡略提到普通員工薪酬對企業業績是否存在黏性無法得出穩定一致的結論。鑒於此，本書中將對此進行實證分析。

基於上述文獻的分析，大多研究都支持併購行為會使高管的貨幣性薪酬提高，而筆者認為，在中國並沒有健全的經理人市場，企業的高管人員薪酬在某種程度上受到嚴格管制，在這種薪酬管理體制下，高管發動併購並不能成為提高貨幣性薪酬的主要理由，因此，本書做出如下假設。

（1）高管薪酬的變動與併購活動是不相關的，即併購活動並不能顯著影響高管貨幣性薪酬的變化。

既然高管大力支持的併購行為並不能給其帶來貨幣性收入，那麼他們的目的又是什麼呢？相關文獻大多集中在控制權收益的問題，即上市公司普遍存在內部人控制現象，高管通過在職消費來實現個人收益最大化。或者說高管發動併購的真正意圖在於獲取貨幣性薪酬之外的替代性收益——在職消費。因此，本書提出第二條假設。

（2）高管在職消費水準與併購行為是正向關的，即併購行為會導致更多的在職消費。

高管人員在自身利益最大化的過程中也影響著員工的工資水準。高管為了使員工支持自己的決策行為，會實施一些措施使員工的境況有所改變，即「高管吃肉，員工喝湯」。另外，為保持在職消費的持久性，不被員工揭發，高管有可能改善員工的境況，包括貨幣性收入。

（3）員工薪酬與在職消費正相關，從而得出其與併購行為也是正相關的。

5.2 併購對主並公司高管與員工的影響

5.2.1 研究變量

5.2.1.1 被解釋變量

前文指出，高管的薪酬包括基本工資、獎金、權益性薪酬、在職消費和福利五個部分。在實證研究中涉及數據採集問題，因此相關文獻中一般採用貨幣性薪酬、高管持股數和在職消費三個方面。但是在併購對高管財富效應的研究中，筆者認為應該放棄高管持股數這一指標，原因有三個：一是中國上市公司高管層持股比例很低，對高管財富影響較小；二是從公開數據中我們也難以區分股權來源於高管自購抑或公司獎勵；三是高管持股數與併購本身缺乏直接的相關性，不存在併購成功可以提升高管持股比例這一邏輯關係。

對於普通員工，雖然在理論上其薪酬組成與高管無異，但普通員工在職消費極少且難以計量，此外中國極少有上市公司實行職工持股計劃，因此普通員工薪酬更多地表現為貨幣性薪酬。

因此，本書採用如下三個指標作為被解釋變量，其中，前兩個衡量高管薪酬，第三個衡量員工薪酬。

（1）高管的貨幣性薪酬。在國泰安數據庫中，提供了四個高管薪酬方面的數據，即高管前三名薪酬總額、董事前三名薪酬總額、董事監事及高管年薪總額、高管人數。應該說採用平均年薪最為合理，但筆者在統計分析中發現，高管人數的數據存在較多的缺失，同時，不同上市公司對高管的界定方法不統一，平均年薪計算結果會存在較大的誤差。因此，本書採用高管前三名薪酬總額作為衡量高管貨幣性薪酬的代理變量。

（2）在職消費的衡量較為困難，因此，在相關研究中採用相應的指標代理。如田利輝（2004）採用管理費用占營業收入的比率作為代理變量；陳冬華等（2005）在公司年度報表附註中「支付的其他與經營活動相關的現金」明細項目中手工收集並統計了八類費用，如差旅費、辦公費、業務招待費、出

國培訓費、董事會費、小車費、會議費、通信費，加總數作為衡量在職消費的代理變量。筆者認為，管理費用中包括很多企業發展的重要項目，如研發支出的費用部分，不宜作為在職消費的代理變量；而後一種方法會造成大量的數據缺失並帶來樣本選擇偏差的問題，因此本書採用現金流量表中「支付的其他與經營活動相關的現金」的絕對數和「支付的其他與經營活動相關的現金」與「經營活動現金流出小計」的比率測算在職消費水準。

（3）員工的貨幣性薪酬。鑑於企業規模與行業的差異，不同公司的員工人數差異極大，因此以平均工資衡量員工的貨幣性薪酬。此數據直接取自上市公司現金流量表中的「支付給職工以及為職工支付的現金」和公司內部治理數據中的「員工人數」。

5.2.1.2 解釋變量

將是否發生併購的虛擬變量作為解釋變量。每一年度中，併購發生的時間不同，因此本書採用被解釋變量前一年度的併購數據衡量，同時以被解釋變量當年的併購數據進行模型相關的穩健性檢驗。

5.2.1.3 控制變量

為詳細檢驗本節提出的研究問題，我們對其他可能影響高管薪酬的因素加以控制，即在分析併購是否影響高管以及員工的財富效應時將它們作為控制變量納入分析框架中。這些因素包括公司規模、公司盈利能力、市場評價、股權集中度、主併公司企業性質、所在地區、行業類別、年份等。

各研究變量的詳細定義如表 5-2 所示。

表 5-2　研究變量的詳細定義

變量名稱	變量定義
被解釋變量	
高管貨幣性薪酬（manager compensation）	高管前三名薪酬總額
在職消費（post consume）	支付的其他與經營活動相關的現金的自然對數或支付的其他與經營活動相關的現金/經營活動現金流出小計
員工貨幣性薪酬（wage）	支付給職工以及為職工支付的現金/員工人數
解釋變量	
併購虛擬變量（Ma）	如果前一年有併購事件公告取值為1，否則取值為0
公司規模（size）	當年營業收入的自然對數
公司盈利能力	淨資產收益率=淨利潤/所有者權益

表5-2(續)

變量名稱	變量定義
市場評價（market assessment）	托賓 Q 值
股權集中度（herdf）	赫芬達3指數
企業性質（nature）	設三個虛擬變量，主並公司為中央政府所有，則 type1 = 1，其他為 0；主並公司為地方政府所有，則 type2 = 1，其他為 0；主並公司為個人或私營企業所有，則 type3 = 1，其他為 0
所在地區（region）	如果公司註冊地在北京、上海、深圳、廣州取值為 1，否則為 0
年度變量（year）	虛擬變量
行業變量（industry）	將非金融保險類上市公司分為 21 個行業，則有 20 個虛擬變量

5.2.2 樣本的選取

本章數據主要來源於國泰安 CSMAR 數據庫，部分補充資料源自 Wind 數據庫和上交所及深交所網站。分析軟件為 Excel 和 STATA10。

基於全書的對應關係，本章的研究樣本是 2005—2008 年 4 年，在深交所和上交所進行交易的所有 A 股上市公司。並在此基礎上，根據研究的目的按如下標準對樣本事件進行了篩選：①同一年度、同一家上市公司若發生多次併購行為，則僅取第一次併購事件作為研究對象；②鑒於金融保險業的特殊性，將之從樣本中剔除；③鑒於 ST 公司的特殊性，將之從樣本中剔除。最終筆者得到 5,292 個樣本，其中併購樣本 1,197 個，非併購樣本 4,095 個。

此外，由於個別公司關鍵數據的缺失與異常，尤其是「員工人數」部分，在國泰安數據庫中所顯示，一些公司的員工人數不足百人，因此在迴歸分析中，剔除了數據缺失與異常的樣本。同時為避免極端值的影響，所有數據均進行了縮尾處理。

5.2.3 模型設計

根據上節中提出的假設 1，我們構建模型 1。

$$\text{MComp} = \alpha_0 + \alpha_1 \times \text{Ma} + \alpha_2 \times \text{Size} + \alpha_3 \times \text{ROE} + \alpha_4 \times \text{Asses} + \alpha_5 \times \text{Herdf} + \alpha_6 \times \text{Nature 1} + \alpha_7 \times \text{Nature2} + \alpha_8 \times \text{Region} + \alpha_9 \times \sum \text{Ind} + \alpha_{10} \times \sum Y + \delta_{it}$$

根據提出的假設2，我們構建模型2。

PConsu = $\beta_0 + \beta_1 \times$Ma $+ \beta_2 \times$Size$+ \beta_3 \times$ROE $+ \beta_4 \times$Asses $+ \beta_5 \times$Herdf$+ \beta_6 \times$Nature 1 $+ \beta_7 \times$Nature2$+ \beta_8 \times$Region$+ \beta_9 \times \sum$Ind$+ \beta_{10} \times \sum Y + \mu_{it}$

根據提出的假設3，我們構建模型3。

Wage = $\varphi_0 + \varphi_1 \times$Ma $+ \varphi_2 \times$Size$+ \varphi_3 \times$ROE $+ \varphi_4 \times$Asses $+ \varphi_5 \times$Herdf$+ \varphi_6 \times$Nature 1 $+ \varphi_7 \times$Nature2$+ \varphi_8 \times$Region$+ \varphi_9 \times \sum$Ind$+ \varphi_{10} \times \sum Y + \eta_{it}$

5.2.4 實證結果

表5-3是各個模型的迴歸結果，通過分析我們得出以下結論。

表5-3 併購對高管與職工財富效應的迴歸結果

變量	高管貨幣性薪酬	在職消費1	在職消費2	員工平均工資
併購虛擬變量	0.011,7	0.133,2	0.012,7	0.002,8
	0.58	4.92***	3.86***	0.13
公司規模	0.230,5	0.683,9	-0.028,4	0.118,9
	30.53***	66.96***	-22.95***	14.23***
公司盈利能力	1.964,1	-1.469,6	-0.182,0	0.843,4
	15.50***	-8.58***	-8.77***	5.84***
市場評價	0.059,4	0.017,5	0.012,4	0.036,2
	3.68***	0.80	4.67***	2.00**
股權集中度	-0.006,4	-0.002,6	0.000,1	0.239,8
	-10.76***	-3.27***	0.69	2.89***
中央政府所有	0.000,8	-0.161,6	-0.015,1	0.242,2
	0.02	-3.15***	-2.43***	5.84***
地方政府所有	-0.073,2	-0.117,8	-0.012,6	0.169,8
	-2.16***	-2.57***	-2.27**	4.57***
個人所有	-0.057,7	0.000,6	0.006,9	0.023,8
	-1.68**	0.01	1.23	0.63
所在地區	0.450,2	0.158,6	0.005,3	0.371,1
	21.64***	5.64***	1.65*	16.2***

表5-3(續)

變量	高管貨幣性薪酬	在職消費1	在職消費2	員工平均工資
年度變量	控制	控制	控制	控制
行業變量	控制	控制	控制	控制
Intercept（截距項）	8.155,6	4.334,9	0.694,8	7.461,0
	48.55***	19.06***	25.26***	40.17***
N	5,214	5,244	5,244	5,042
Adj R^2	0.407,6	0.546,7	0.286,1	0.301,1
F	113.10***	198.62***	66.66***	68.87***

5.2.4.1 從整體上看

各個模型的擬合優度均比較理想，最低為0.286,1，而最高則達到0.546,7，說明自變量解釋了高管與普通員工薪酬變異的很大部分。同時，F統計值高度顯著，亦可以拒絕全部自變量系數為0的虛擬假設，說明各變量聯合起來確實對「高管貨幣性薪酬」「在職消費」「員工貨幣性薪酬」有顯著影響。

5.2.4.2 從高管的角度看

（1）從併購與高管薪酬的關係看，併購與否對高管貨幣性薪酬沒有產生顯著性影響，即併購沒有增加高管人員的貨幣性收入，卻顯著增加了其在職消費的水準。這一結論驗證了上述假設1與假設2，為保證結論的穩健性，筆者使用併購當年的高管薪酬數據，以及按企業性質分組檢驗，其迴歸結果均一致。

究其原因，筆者認為高管的貨幣性收入水準，受到多方面的限制，如薪酬委員會，再如國有上市公司會受到其所隸屬的國資委的薪酬管制，併購活動本身很難成為其提高薪酬的理由。在職消費是一種隱性收入，高管人員在無法提高顯性收入的前提下仍願意堅持併購，因為它不受薪酬契約的約束，使用相對比較靈活，這樣更加提高了高管人員的代理成本。在現金流量表中「支付的其他與經營活動相關的現金」一項中，涵蓋了很多高管人員的職務消費支出，如差旅費、辦公費、業務招待費、出國培訓費、董事會費、小車費、會議費、通信費。併購活動擴大了企業規模、增加了公司業務的複雜性，亦成為增加在職消費的理由。在職消費的存在是高管人員讚成甚至大力倡導併購行為的一個重要原因。

（2）從公司規模的角度看，營業收入增加，高管的貨幣性收入顯著增加，

同時在職消費的絕對數量也在增長,當然,收入的增加同時帶來各種經營性現金流量的大幅攀升,支付的其他與經營活動相關的現金比重會有所下降。這一結論與已有文獻的結論一致(如李增泉,2000;方軍雄,2009;李善民 等,2009)。

(3)從公司業績看,淨資產收益率的提高會增加高管的貨幣性收入,但是減少了其在職消費的水準。這說明企業業績的提升,是高管人員增加顯性收入的重要依據,這一點與國內外相關研究一致。在上章分析中我們提到企業併購後3年的業績並未得到好轉,而高管的貨幣性薪酬與企業業績息息相關,因此併購後高管無法提高貨幣性薪酬。同時,業績提升不僅源於增收,也在於節支,不合理的在職消費的減少自然可以增加公司業績,因此淨資產收益率與在職消費的絕對水準和相對水準的負相關關係是合理的。

(4)股權集中度是公司內部治理機制的組成部分,本書中採用的是赫芬達3指數,同時在穩健性檢驗中也使用了第一大股東持股比例和赫芬達10指數,其結論都完全一致,即股權集中度的提高可以顯著降低高管人員的貨幣性收入和在職消費水準。這說明大股東的存在對抑制高管薪酬增長方面發揮了積極的作用。

(5)在主並公司企業性質方面,根據Wind數據庫的資料,筆者將其分為四類,即中央政府所有企業、地方政府所有企業、個人所有企業和其他類,其中中央政府所有企業的最終控制人為國資委等中央機構以及中央直屬國有企業,地方政府所有企業的最終控制人為地方國資委或者企業,而個人所有企業的最終控制人為個人或民營企業。在貨幣性薪酬方面,收入由高到低依次為中央政府所有企業、地方政府所有企業和個人所有企業,這一點與方軍雄(2009)的結論相反。而在職消費方面,個人所有企業最高,國有企業相對較低。目前不少學者認為,中國國有上市公司的代理問題相較於民營企業更為嚴重,理由是國企中較長的代理鏈條。此處的實證結果是對這一看法的一種駁斥。

5.2.4.3 從普通員工的角度看

從併購與普通員工薪酬的關係看,雖是正相關關係,但是 t 值極端不顯著,說明併購活動對主並公司員工並無顯著影響。這一結論與假設3相反,即併購行為並不能給員工帶來待遇的改善,或者說這種可能性很小。這一結論與方軍雄(2009)得出的員工工資黏性問題看法相似。

由此可以推斷,併購行為的產生並不能給企業利益相關者——高管人員和員工帶來貨幣性收入的增長,雖然我們無法否認併購行為是管理層慎重決策的

結果，也無法懷疑併購行為的初衷是好的，但事實證明，併購行為給流通股股東帶來顯著的財富損失，給債權人帶來更低的收益，在高管和員工貨幣性薪酬未增長的情況下，高管的在職消費卻顯著增加。這不得不使價值轉移和再分配說進一步得到驗證，即併購的實質是使利益或者價值在併購企業的股東和其他利益相關者之間進行轉移或重新分配。

5.3 小結

本章在研究了併購對主並公司股東、債權人的財富效應的影響之後，進一步對併購公司的另一重要利益相關者——高管和員工的財富效應進行了研究。在回顧高管薪酬的相關文獻及理論之後，本章做出一些假設，併購並不能直接提高高管的貨幣性薪酬水準，而是會顯著增加高管在職消費的可能性；併購在使高管在職消費增長的同時，也會提高員工的貨幣性薪酬水準。本章經過實證分析後，結果總結如下。

（1）併購無法顯著提高高管人員的貨幣性薪酬。即使高管人員有強烈動機通過併購達到自身利益最大化，但由於薪酬制度的管制，高管無法實現貨幣性薪酬的增長。

（2）併購雖然無法給高管在貨幣性薪酬上帶來改善，但可以通過企業規模的擴張、業務複雜性的提高、市場影響力的擴大等實施權力尋租，使在職消費顯著提高，在實現控制權收益的同時，使私有利益得到最大化。或者說在職消費是高管人員貨幣性收入的替代收益。

（3）進一步證實相關文獻的結論，高管人員的貨幣性薪酬與企業業績存在著顯著的正相關關係，企業經營業績越好，高管人員的貨幣性薪酬越高；反之，則越低。併購後並未改善經營業績，因此高管人員的貨幣性薪酬無法得到改善。

（4）在併購對高管薪酬影響因素分析中，股權的集中度顯著影響了高管人員的工資以及在職消費水準。也就是說股權越集中，對高管人員的監督力度越大，這樣大大抑制了高管的貨幣性薪酬和在職消費水準的提高；併購企業的性質對高管的薪酬水準也產生顯著影響，如中央國有企業高管人員薪酬水準較高，地方次之，民營及個人企業最低。

（5）併購對主並公司的員工並未產生顯著影響，即企業員工的境況並未因併購得到顯著改善。

6 併購對政府的影響

企業作為微觀經濟的主體,做出的決策大多是從企業利益最大化角度出發,很少考慮帶來的相關社會效益,即併購行為的外部性問題並未引起關注。在中國特殊的制度背景下,企業併購行為與政府有著千絲萬縷的聯繫,或是政府主導,或是政府參與,或是政策扶持,等等,政府在併購中充當了一個特殊的角色。這些是政府對併購行為施加的影響,那麼,反過來,併購究竟對政府產生了何種影響?它能否增加當地財政收入?能否緩解當地就業壓力?能否給當地經濟增長提供有力保障?在這章中,我們將具體分析併購帶來的外部效應。

6.1 文獻回顧與理論分析

6.1.1 併購的外部性效應含義及界定

外部效應是指市場經濟主體在從事經濟活動過程中,不僅給自己帶來收益或損失,也給其他經濟活動主體帶來收益或損失。如果經濟活動給外部帶來收益,則為正的外部效應;反之,則為負的外部效應。在這裡,我們借用經濟學中外部效應的解釋,可定義併購的外部性效應為:企業併購活動,除給企業自身帶來一定的經濟後果外,也給企業外部環境帶來影響。包括給其他經濟活動主體,如債權人、其他企業、政府以及社會帶來影響。在前文中我們已對債權人的影響做了深入分析,本章將會考察併購對政府以及社會的影響。如果併購行為給政府減輕財政壓力,帶來稅收的增長;給社會解決就業壓力,增加了就業人數;給當地經濟可持續發展提供良好的環境,則我們認為,併購帶來了正的外部效應。反之,則帶來了負的外部效應。

假設1:由於併購規模的擴大,企業員工人數會增加,併購與員工人數呈正相關;同時,工資總額也會增長。

6.1.2 併購稅收協同效應與稅收籌劃

在第 1 章理論回顧時我們提到併購關於稅收方面的考慮。基於協同效應理論，提出了併購相關的稅收效應。稅收效應可分為稅收協同效應與併購中的稅收籌劃。在相關的實證研究中，陳珠明（2003）通過構建四個計量模型，對上市公司發動虧損企業的併購研究，得出主並公司在稅務方面的協同效應並不明顯。王宏利（2005）以 Congoleum 公司管理層收購作為案例，實證分析後得出折舊產生稅收效應的結論。孔有田（2006）在研究併購類型對稅收影響時，推斷出縱向併購使企業經營領域延伸而衍生出新稅種，納稅環節增加，稅收也相應增加。在併購融資方式選擇上，孔有田還認為併購企業會充分利用債務融資帶來的利息抵免稅收的優點，從整體上來降低企業的融資成本。另外，蔣澤中（2004）提出在併購目標公司的選擇上，大多數併購公司利用稅法上的優惠政策，使虧損企業在虧損期間不用繳納所得稅，而且在以後連續 5 年中可用稅前利潤彌補虧損。因此，大多盈利企業希望通過併購虧損額較大的企業來達到減免所得稅的目的，從而實現合理避稅。

在國外的研究文獻中，Eckbo（1983）認為，企業併購可以更合理地避稅，而稅收發揮的作用在一定程度上代表了資源從政府徵稅者到企業再分配的轉移。另有學者認為，稅收中性，使私人收益和社會收益產生偏離，導致效率損失。

當然，國內外關於併購與稅收相關的研究，大多是從企業的角度出發，考慮在併購中，通過對目標公司、出資方式以及融資方式的選擇能否給主並企業帶來稅收上的好處，而且這種好處大多來源於企業所得稅上的減免或優惠。我們應該獨立於企業之外，從政府以及社會的角度考慮併購對稅收、就業的影響，更客觀、真實地反應併購帶來的社會效應。在下文的實證中，筆者意圖用數據來說明這個問題。

鑒於此，提出假設 2：併購對稅收的影響是負相關的。

6.1.3 支持與掏空理論

資源配置主要有兩種形式：一是市場機制，通過市場自發調節，實現資源的合理配置；二是政府干預，政府通過行政權力對資源進行調配。在市場機制下，獨立經濟主體在追逐利益的過程中，大多能實現最優資源配置。但在市場失靈時，政府為促進平等或效率通過行政手段達到資源的最佳配置。當然也不否認政府的過度干預也可能導致效率的低下。

李增泉等（2005）根據中國股票市場和會計研究數據，以上市公司兼併非上市公司事件為研究樣本，實證考察了控股股東與地方政府的支持或掏空動機對上市公司長期績效的影響。該理論認為，基於中國特殊的制度背景，上市公司對非上市公司的併購行為是地方政府和控股股東支持或掏空上市公司的一種手段，支持的目的是幫助上市公司滿足監管部門對上市公司融資資格的管制要求，掏空則是赤裸裸的利益侵占行為，控股股東和地方政府的行為在很大程度上影響了中國上市公司併購的性質。[①] 黃興孿（2006）對1999—2003年上市公司關聯併購914個樣本進行實證分析，支持了李增泉等的觀點，並提出無論是「支持」行為還是「掏空」行為均未提高併購公司的業績。

大多數併購與政府之間的研究，都著力於政府對企業併購干預的後果，或支持或掏空。本書在此並不討論政府對企業併購行為是否存在干預。或者說，在本章中僅考慮併購後對政府產生的影響，是否是干預的結果，這種影響究竟是好還是壞。

6.2 併購對政府影響分析

6.2.1 研究變量

在進行實證研究之前，我們有必要對被解釋變量、解釋變量和控制變量的含義，以及指標的選取做出解釋。

6.2.1.1 被解釋變量

（1）員工人數。上市公司員工總人數，是指年報中披露的上市公司在冊（在職）員工人數。選取該指標作為被解釋變量，原因有二：其一，併購後企業仍負擔著較多的社會保障方面的職能，特別是國有企業，對大幅度裁員顧慮較多；其二，由於併購後規模進一步擴大，企業因業務的拓展反而可能會聘用更多的員工。

（2）工資總額。工資總額是指上市公司實際支付給職工和為職工支付的現金，包括實際支付的職工的工資、獎金等和為職工支付的各種保險、住房公積金等各項支出總額。與上章中分析併購對員工工資的影響所運用的指標的不同之處在於，上章採用的是員工平均工資，而本章採用的是員工工資總額。工

[①] 李增泉，餘謙，王曉坤. 掏空、支持與併購重組——來自中國上市公司的經驗數據［J］. 經濟研究，2005（1）.

資總額的提高是從業人員總量增加和工資水準提高共同影響的結果，因此，工資總額是反應當地經濟發展水準、衡量社會效益的重要指標。「職工工資總額增長與經濟效益提高相適應」。

（3）稅收總額。在文獻分析中指出，併購能帶來節稅的好處，筆者認為他們較多考慮所得稅，而本章中的稅收是指企業實際支付的教育費附加、礦產資源補償費、印花稅、房產稅、土地增值稅、車船使用稅、預交的營業稅等稅費，計入固定資產價值、實際支付的耕地占用稅、本期退回的增值稅、所得稅等除外。企業上繳的稅金是政府財政收入的主要來源。

員工人數、工資總額、稅收總額都採用併購前、併購當年和併購次年的絕對數及變動數分別做被解釋變量，來對比說明併購前後 3 年的差別。

6.2.1.2 解釋變量

本章仍與其他章節一樣，採用併購是否發生的虛擬變量作為解釋變量。其含義與其他章節無差異，在此不做重複解釋。

6.2.1.3 控制變量

在研究併購是否影響員工人數、工資總額、稅收總額的過程中，我們對其他影響這三個指標的因素進行控制。本章選取的控制變量包括：是否是 ST 公司、企業規模、市場化指數、企業性質、行業類別、年度等。在這些控制變量中，僅對市場化指數做必要說明，它是反應市場化進程的一個指標，它採用五個客觀指標來綜合衡量各地區市場化改革的深度與廣度，其中包括「政府與市場的關係」「非國有經濟的發展」「產品市場的發育」「要素市場的發育」以及「市場仲介組織和法律制度環境」[①]。地區經濟發展的不平衡，使併購的環境存在較大差異，故以此指標控制地區之間的經濟和社會差異。另外，在分析併購對員工人數、工資總額的影響時，不考慮資產負債率，分析併購對稅收的影響時，資產負債率須作為控制變量。控制變量均以被解釋變量相應年份作為取數依據。

各研究變量的詳細定義如表 6-1 所示。

表 6-1 研究變量的詳細定義

變量名稱	變量定義
被解釋變量	（併購前 1 年、當年、次年以及併購當年相對於上年的增加額、併購次年相對併購當年的增加額）

---

① 樊綱，王小魯，朱恒鵬. 中國市場化指數——各地區市場化相對進程 2006 年報告 [M]. 北京：經濟出版社，2006.

表6-1(續)

變量名稱	變量定義
員工人數（number）	在冊（在職）員工總人數
工資總額（total wage）	為職工支付的工資、獎金、保險、住房公積金、福利等
稅收總額（tax）	企業實際支付稅收的總額
解釋變量	
併購虛擬變量（Ma）	如果前一年有併購事件公告取值為1，否則取值為0
企業規模（size）	當年營業收入的自然對數
ST公司（ST）	虛擬變量，如果是ST公司，取值為1，否則為0
市場化指數（MI）	各地區市場化指數得分
資產負債率（debt）	負債總額/資產總額
企業性質（nature）	設兩個虛擬變量，主並公司為中央政府所有，則type1=1，其他為0；主並公司為地方政府所有，則type2=1，其他為0
年度變量（year）	虛擬變量
行業變量（industry）	將非金融保險類上市公司分為21個行業，則有20個虛擬變量

6.2.2 樣本選取

本章數據主要來源於國泰安CSMAR數據庫，相關補充資料源自Wind數據庫和上交所及深交所網站。分析軟件為Excel和STATA10。

基於本章研究的重點是併購前1年、併購當年以及併購後3年的變化，則研究樣本相對應的是2003—2008年6年間在深交所和上交所進行交易的所有A股上市公司。在此基礎上，根據研究的目的按如下標準對樣本事件進行了篩選：①同一年度、同一家上市公司若發生多次併購行為，則僅取第一次併購事件作為研究對象；②鑒於金融保險業的特殊性，將之從樣本中剔除。最終筆者得到5,610個樣本，其中併購樣本1,585個，非併購樣本4,025個。

此外，在迴歸分析中，對於個別關鍵數據缺失與異常的公司在樣本中予以剔除。同時為避免極端值的影響，所有數據均進行了縮尾處理。

6.2.3 模型設計

(1) 對於員工人數,我們構建模型1:

Number (-1, 0, 1) 或 △Number [0- (-1), 1-0] = $\alpha_0 + \alpha_1 \times Ma + \alpha_2 \times Size + \alpha_3 \times ST + \alpha_4 \times MI + \alpha_5 \times Nature\ 1 + \alpha_6 \times Nature\ 2 + \alpha_7 \times \sum Ind + \alpha_8 \times \sum Y + \delta_{it}$

在這裡被解釋變量 Number (-1, 0, 1),分別表示併購前1年、併購當年、併購次年,迴歸結果在 Level 模型反應;△Number [0- (-1), 1-0],分別表示併購當年相對於併購上一年變動額、併購次年相對於當年變動額,迴歸結果在 Change 模型中反應。

(2) 對於工資總額,我們構建模型2:

TWage (-1, 0, 1) 或 △TWage [0- (-1), 1-0] = $\beta_0 + \beta_1 \times Ma + \beta_2 \times Size + \beta_3 \times ST + \beta_4 \times MI + \beta_5 \times Nature\ 1 + \beta_6 \times Nature\ 2 + \beta_7 \times \sum Ind + \beta_8 \times \sum Y + \mu_{it}$

被解釋變量的含義及標示解釋同模型1。

(3) 對於稅收總額,我們構建模型3:

Tax (-1, 0, 1) 或 △Tax [0- (-1), 1-0] = $\varphi_0 + \varphi_1 \times Ma + \varphi_2 \times Size + \varphi_3 \times ST + \varphi_4 \times MI + \varphi_5 \times Debt + \varphi_6 \times Nature\ 1 + \varphi_7 \times Nature2 + \varphi_8 \times \sum Ind + \varphi_9 \times + \eta_{it}$

被解釋變量的含義及標示解釋同模型1。

6.2.4 實證結果分析

6.2.4.1 併購對員工人數的影響

我們對模型1用 OLS 來估計上述迴歸模型,得出的結果如表6-2 所示。

從表6-2 中可看出,不管是 Level 模型還是 Change 模型,F 統計量都是顯著的,說明各影響因素聯合起來確實對員工人數有顯著影響;調整後的 R^2 在 Level 模型下,最高能達到 0.522,7,最低 0.467,9。說明模型擬合樣本的整體效果較好。在 Change 模型下,擬合的效果不如 Level 模型下顯著。

對解釋變量——是否發生併購這一因素的分析中,在 Level 模型下,發現併購對員工的影響在併購前一年是顯著負相關的,即併購前一年企業減少了員工的人數,而在併購當年與併購後一年,T 值不顯著,即員工人數在併購當年與次年並無差異。這種現象說明併購行為伴隨著一定數量的裁員,僅僅在併購前一年明顯;但併購當年和併購後一年雖然結果不顯著,說明就算併購當年有人員減少,也是幅度較小的,而併購後一年,員工人員在水準上呈上升趨勢。在中國社會保障體系不完善的情況下,貿然地裁減人員仍然可能影響社會穩

定,特別在吸收併購的情況下,仍需考慮對目標公司員工的安置。在 Change 模型下,併購會給當年和次年員工人數帶來顯著增加。雖然併購在水準狀況下效果並不明顯,但併購當年相對於前一年,以及併購後一年來說,員工增加額是明顯的,即併購會導致就業人數的增加,社會效益明顯,這一結果證實了提出的假設 1。因此,併購不能成為裁員的借口,這一行為將受多方面的制約。

表6-2 併購對員工人數的迴歸結果

變量	Level 模型			Change 模型	
	併購前一年	併購當年	併購後一年	當年變化	次年變化
Intercept（截距項）	-2.763,8	-4.015,1	-4.697	-1.111,1	-0.652,1
	-11.91***	-17.97***	-20.46***	-10.25***	-6.12***
併購虛擬變量	-0.065,6	-0.034,1	0.011,7	0.023,4	0.049,8
	-2.16**	-1.16	0.39	1.66*	3.59***
ST 公司	0.250,8	0.097,7	-0.005,7	-0.169,9	-0.084,7
	5.02***	1.99**	-0.11	-7.27***	-3.6***
企業規模	0.520,3	0.584,8	0.618,4	0.058,2	0.032,4
	46.74***	54.53***	56.17***	11.18***	6.33***
市場化指數	-0.069,8	-0.074,5	-0.076,0	-0.002,7	-0.000,9
	-9.23***	-10.22***	-10.2***	-0.77	-0.25
中央政府所有	-0.010,7	0.001,4	0.055,2	0.011,5	0.045,2
	-0.25	0.03	1.31	0.58	2.31***
地方政府所有	0.149,6	0.116,6	0.101,0	-0.034,9	-0.018,7
	4.62***	3.75***	3.18***	-2.32**	-1.27
年度變量	控制	控制	控制	控制	控制
行業變量	控制	控制	控制	控制	控制
N	5,257	5,558	5,525	5,228	5,497
Adj R^2	0.467,9	0.509,6	0.522,7	0.056,6	0.024,1
F	160.34***	200.1***	209.57***	11.82***	5.69

在其他因素的分析中,無論哪種模型,ST 公司併購後效果明顯,能顯著增加員工人數,即經營業績差的公司可能由於經營戰略的重新調整,也需要人

員的擴充。在企業規模上，兩模型異常顯著，也進一步證實併購導致業務規模的擴大、戰略的變化，反而需要更多的人員。市場化指數這一指標對人數影響僅限於在 Level 模型中。企業性質的影響，在地方國有企業效果顯著，這說明地方政府不僅僅追求當地經濟效益的提高，也關注社會效益的改善。

6.2.4.2 併購對工資總額的影響

從表 6-3 迴歸結果可看出，無論是 Level 模型還是 Change 模型，F 統計量的值在 1% 水準下顯著，說明模型對樣本擬合程度高，各因素聯合起來對工資總額的影響效果明顯。

表 6-3 併購對工資總額的迴歸結果

變量	Level 模型			Change 模型	
	併購前一年	併購當年	併購後一年	當年變化	次年變化
Intercept（截距項）	4.125,9	2.918,2	2.636,6	-1.102,5	-0.268,0
	26.58***	20.71***	17.57***	-13.58***	-3.21***
併購虛擬變量	-0.032,0	0.006,9	0.061,0	0.038,0	0.054,5
	-1.58	0.37	3.11***	3.58***	5.00***
ST 公司	0.015,0	-0.068,5	-0.128,1	-0.099,9	-0.060,3
	0.45	-2.23***	-3.90***	-5.74***	-3.30***
企業規模	0.637,2	0.705,2	0.723,2	0.062,8	0.017,4
	85.61***	104.33***	100.55***	16.12***	4.34***
市場化指數	0.034,5	0.021,1	0.017,7	-0.010,4	-0.003,5
	6.81***	4.58***	3.64***	-3.91***	-1.29
中央政府所有	0.271,5	0.277,2	0.314,8	0.001,8	0.033,6
	9.46***	10.66***	11.42***	0.12	2.19***
地方政府所有	0.264,5	0.253,3	0.242,7	-0.012,6	-0.010,6
	12.21***	12.92***	11.69***	-1.11	-0.92
年度變量	控制	控制	控制	控制	控制
行業變量	控制	控制	控制	控制	控制
N	5,283	5,594	5,564	5,283	5,564
Adj R^2	0.710,8	0.772,4	0.764,4	0.109,9	0.045,8
F	448.68***	655.64***	623.44***	23.48***	10.21**

在單因素分析中，Level 模型併購這一虛擬變量的 t 值只在併購後一年顯著，這更進一步證實併購後確實存在員工人數的增加，伴隨人數的增加，工資總額也會大幅上升。在 Change 模型中，併購當年變化及併購次年變化也異常明顯，說明工資總額會從併購當年開始逐年上升。進一步證實併購的社會效果還是比較樂觀的。

在其他因素分析中，與併購對員工人數的影響效果相同的是，不論在哪種模型中 ST 公司併購後變化都是非常明顯的，工資總額也呈上升趨勢。企業規模也同樣具有顯著效果，不用質疑，併購帶來的規模效應明顯，在員工安置以及工資福利總額上都得到改善和提高。

併購為節約成本必將伴隨裁員這一說法並沒有理論根據，大多數人單純從企業利益角度想當然地認為併購需要資金支持、併購後冗餘人數需要清理。本書用實證分析的結論證實，併購不是單純的企業行為，也關乎社會穩定與和諧。

6.2.4.3 併購對稅收的影響

在表 6-4 中可以看出，在兩種模型下，F 統計值在 1%水準下顯著，說明所有因素對企業上繳稅金有顯著影響。從調整 R^2 可看出，模型對樣本的擬合效果較好。

在單因素分析中，從水準狀況來看，併購虛擬變量在併購當年在 5%的水準下顯著，在併購後一年在 1%水準下顯著，而在併購前一年效果不明顯。從上繳稅金的變化看，併購當年比併購次年帶來上繳稅金數額上的變化顯著，而且併購後能帶來上繳稅收的幅度上升。這一結論與上述假設 2 相悖，大多數文獻評價併購帶來的節稅效應在這裡並不存在，又或者說併購的確帶來某一種稅收，如所得稅的節約，但可能因業務規模的擴大，其他稅種，如增值稅、營業稅等增加的幅度遠高於所得稅節約的幅度。

在其他因素分析中，併購對於稅收及稅收增加額的影響，與對上述員工人數、工資總額影響具有相同之處，即企業規模、市場化指數以及是否是 ST 公司這幾因素對稅收及增加額的影響是顯著的。在對稅收影響的分析中，控制變量——資產負債率對稅收的影響顯著負相關，說明負債支付利息的抵稅因素對稅收影響較大。

表 6-4　併購對稅收的迴歸結果

變量	Level 模型 併購前一年	Level 模型 併購當年	Level 模型 併購後一年	Change 模型 當年變化	Change 模型 次年變化
Intercept（截距項）	0.851,4	−0.728,4	−0.533,1	−1.588,2	0.071,9
	4.8***	−4.5***	−2.87***	−12.16***	0.53
併購虛擬變量	0.003,1	0.041,1	0.128,5	0.042,1	0.082,9
	0.13	1.95**	5.34***	2.49***	4.77***
ST 公司	−0.434,9	−0.299,8	−0.166,8	0.131,7	0.133,8
	−10.49***	−7.76***	−3.77***	4.32***	4.17***
企業規模	0.769,9	0.859,1	0.852,4	0.090,8	0.000,4
	90.99***	111.07***	96.08***	14.56***	0.05
市場化指數	−0.002,2	−0.014,1	−0.015,4	−0.009,8	0.000,1
	−0.38	−2.69***	−2.58***	−2.33***	0.03
資產負債率	−0.058,2	−0.254,3	−0.327,8	−0.185,5	−0.089,0
	−1.84**	−8.56***	−9.51***	−7.87***	−3.56***
中央政府所有	−0.026,2	−0.066,2	−0.033,4	−0.038,4	0.033,9
	−0.81	−2.26***	−0.99	−1.61*	1.39
地方政府所有	0.093,6	0.033,2	0.022,5	−0.066,8	−0.015,0
	3.81***	1.49	0.88	−3.70***	−0.81
年度變量	控制	控制	控制	控制	控制
行業變量	控制	控制	控制	控制	控制
N	5,275	5,582	5,546	5,267	5,540
Adj R²	0.730,7	0.787,9	0.740,0	0.086,5	0.029,3
F	477.94***	691.89***	526.94***	17.63**	6.57**

併購行為對併購當年及後一年的影響如此明顯，這一現象說明併購這一微觀經濟行為，不僅給企業本身帶來較大的影響，而且從宏觀角度來看，在給政府帶來經濟效益的同時，也帶來社會效益。在此我們不深入研究政府是否參與併購，或併購的本身動機如何，但實證的結果從總體上支持了併購帶給政府、社會正的財富效應。

6.3 小結

在前幾章中,我們研究併購對股東、債權人以及高管和員工的影響,而這一章的重點是併購對另一利益相關主體——政府的影響,也是本書研究的最後一個利益相關者。前幾章我們更多考慮的是併購行為影響個體經濟的利益,而本章更多關注的是社會效益。在本章開頭提出,併購是否對政府產生有利的影響:是否增加財政收入?是否增加就業人數?是否提高國民經濟?在研究後,我們已有了明確的答案。

(1) 企業並不因為併購行為的產生,而伴隨裁員的發生,而是隨著經營戰略的調整、規模的擴大,企業需要更多的人員支持。從 Change 模型,我們可以看出,在併購當年以及次年人員會逐年增加。當然,人員的增加使工資總額也會同比例地增長。

(2) 併購當年以及次年從水準上和變化額上,併購都會導致稅收顯著上升。節稅效應在本書研究中並未出現。

(3) ST 公司併購效果很明顯,併購後由於企業規模的擴大,帶來工資總額、稅收額的變動也是異常明顯的。資產負債率對稅收影響是顯著負相關的。

綜合看來,併購對政府產生了有利的影響,具有顯著正的財富效應。企業在追逐經濟利益的同時也承擔著相應的社會責任。在前幾章中,併購對股東、債權人帶來負的財富效應,對高管和員工在薪酬上影響不明顯,使高管在職消費顯著增加,而本章的結果也顯示政府的財富效應為正,進一步證實價值轉移說,即併購實質是價值重新分配或者在利益相關者之間轉移。

7 結論及政策建議

7.1 主要結論

　　企業併購作為近年來中國經濟社會中十分突出的現象，宏觀上，它是實現產業結構調整、合理配置資源的有效途徑；微觀上，也是市場經濟條件下企業快速增長與發展的必要手段。學者們都試圖用自己的理論框架對併購的動因和經濟後果做出完整分析。由於不同學派研究的角度和理論基礎不同，形成的結論迥異，無法單獨對併購做出全面的解釋。中國的企業併購行為產生於經濟體制轉變和產權改革進程中，它實際上是企業、市場和政府按照契約重新分配各自的利益與權力的一種博弈行為。換言之，企業的併購行為實際上就是為了追尋其帶給利益相關者的財富效應。本書通過選取時間跨度為 2001—2009 年的樣本，分析併購前後各年的數據，分別考察了中國上市公司併購對流通股東、債權人、高管和普通員工、政府的影響。

　　全書的結論可總結為如下幾點：

　　（1）通過對中國上市公司併購事件從時間分佈、行業分佈、主並公司經營業績以及併購前後資產負債率、併購交易比例和支付方式等交易特徵進行統計檢驗並分析，可得出：從併購發生的年度分佈來看，併購與經濟形勢及股市漲跌存在滯後效應；從月份分佈來看，並不存在機會主義傾向。從併購行業分佈可看出，傳統行業為緩解產業升級的壓力，大多通過併購涉足其他行業，尋找更多的盈利機會，而知識密集型行業具有良好的市場前景，其他行業公司進入較多。主並公司在併購前經營業績通常較差，通過併購能達到盈餘管理的效果。併購前主並公司的資產負債率低於行業平均水準，而在併購後則高於行業平均水準，說明併購後需要的大量的資金主要來源於外部借款。併購雙方大多處於同屬管轄，關聯交易較多，基本都屬於善意併購，在資產收購中大多會發

生控制權轉移，而在股權收購中則大多不會發生控制權轉移。從併購上市公司企業性質分佈特徵發現，買方企業和賣方企業性質比例分佈相當，差異變化不大，從而否認了所謂的「地方政府過度干預」之說。

（2）在研究併購對股東的影響中，CAR 在併購公告前 60 個交易日左右上升，在公告後 10~30 個交易日顯著下降，說明市場對併購存在過度炒作的現象；而且在公告日附近，資產收購的波動性小於股權收購的波動性，表明市場更偏向於股權收購的炒作；短期 CAR 統計檢驗無論是資產收購還是股權收購得出均值為正而中位數為負的結論，說明因併購而獲利的公司數量遠遠少於因併購而受損的公司數量，而因併購獲利股東的獲利程度高於受損股東的損失程度。在併購的長期財富效應的研究中，通過對併購前後 3 年托賓 Q 值與淨資產收益率的比較分析，得出主並公司併購前是業績較差的公司，併購後並未得到緩解，而且，股市繁榮時期市場對併購會產生過度反應。從短期效應角度來看對 CAR 的影響主要是交易總價比率最為顯著，從長期效應角度來分析對 Q 值變動的影響因素，其中交易總價比率只對併購後第 1 年產生顯著負向的影響，說明併購公告日前後確實存在市場過度炒作；而且從併購標的影響來看，結果與短期正好相反，資產收購明顯優於股權收購，主要原因在於資產收購與股權收購目的不同，併購後整合行為也存在較大差異。

（3）在研究併購對債權人的影響中，相對於未發生併購的上市公司，併購使主並公司的資產負債率偏高，而短期借款比率、現金比率、流動比率、利息保障倍數偏低，即併購降低了主並公司的長期與短期負債能力，使得主並公司債權人承受了更多的風險；併購時主並公司的利息支付比率偏低，使得主並公司債權人的收益率下降，承擔了更高的風險與更低的收益，併購公司債權人的財富效應顯著為負。ST 公司債權人並未因併購而受損，而造成這一現象的主要原因在於 ST 公司併購資金源於股東投入，代理成本相對較低。從融資方式的角度看，債權融資、內部融資、股權融資對於上市公司而言依次減弱，中國並不存在「融資順序倒置」的問題。

（4）在研究併購對高管和普通員工的影響中，併購無法顯著提高高管的貨幣性薪酬，高管有強烈動機通過併購實現自身利益最大化，由於薪酬制度的管制，高管無法達到貨幣性薪酬的增長；但高管可以通過企業規模的擴張、業務複雜性的提高等實現權力尋租，使在職消費顯著提高，獲取貨幣性收入的替代收益。高管的貨幣性薪酬與企業業績存在顯著的正相關，併購後並未改善經營業績，因此高管人員的貨幣性薪酬無法得到提高。股權集中度能大大抑制高管的貨幣性薪酬和在職消費水準的提高。併購對主並公司的員工並未產生顯著

影響，即企業員工境況並未因併購而得到改善。

（5）在研究併購對政府的影響中，企業並不會因為併購行為而伴隨裁員的發生，而是隨著戰略的調整、規模的擴大，企業需要更多的人員支持；隨著人員的增加，工資總額也會同比例地增長。併購也會導致稅收顯著上升，節稅效應在本書研究中並不存在。併購對政府的產生顯著正的財富效應，即企業在追逐經濟利益的同時也承擔著相應的社會責任。

7.2 政策建議

通過本書的實證分析，中國企業的併購行為是其尋求自身快速增長與發展、擺脫行業壁壘與局限的重要經營戰略和手段。在併購交易過程和併購後的整合中，從企業微觀層面看，對流通股股東、債權人產生不利影響，對高管產生有利影響，而對普通員工影響並不顯著。針對這一現象，筆者認為應從微觀與宏觀兩個層面加強對企業併購行為的管理。

7.2.1 微觀層面：優化公司治理

學者們對公司治理問題有不同的解釋，一般而言，公司治理設計對內部人員的控制機制，協調股東、債權人、經營者及其他利益相關者的利益訴求，實現公司的可持續發展。從內容看，可以分為內部治理和外部治理兩個方面。對於上市公司的併購行為，也應該從內部與外部兩個方面加強公司治理水準，滿足各利益相關者的合理要求。

7.2.1.1 內部治理方面：優化董事會的建設與機能

董事會是上市公司的經營決策機構，也是股東會的常設權力機構，決定了內部管理機構的設置，為總經理制定經營管理規則。併購是公司重要的經營戰略，董事會對大型的併購行為擁有決策權，同時應該通過審計委員會、薪酬委員會等，加強對高管的監督，使其在整個併購的過程中，能夠誠實、守信、高效，實現企業價值最大化，做大公司這塊「蛋糕」。

企業是多個契約的組合，董事會也不能僅僅考慮股東這一經濟主體的利益。併購過程中，上市公司在進行顯性與隱性契約的邊際修訂時，除了要警惕高管的「投資過度」行為外，還要從債權人的角度考慮，避免「資產替代」現象的泛濫。因此，董事會應積極引入合格的獨立董事，兼顧各方利益，公平地分配「做大後的蛋糕」。

此外，本書的實證研究結果顯示，併購一方面增加了債權人的風險並降低了其收益，另一方面在短期和長期兩個層面降低了股東的財富，那麼主併公司高管財富的增加，大多被認為是一種嚴重的代理問題的體現。筆者不否認代理問題的普遍存在，但更應該考慮到併購活動對控股股東產生的影響。作為大陸法系國家，中國的上市公司普遍存在控股股東，併購活動的頻繁發生，不能僅從高管的代理這一層面進行解釋，而應該認識到併購也是控股股東實現控制權私人收益的一種手段。因此，在董事會的層面應強化獨立董事的職業道德並充分體現其話語權，從而有效制衡控股股東的代理行為。

7.2.1.2　外部治理方面：強化外部投資者的話語權

理智的冷漠（rational apathy）和搭便車（free-riding）問題的存在，使得中小股東在公司治理中處於天然的弱勢地位。機構投資者因其規模優勢，持有很多上市公司的大量股權，這使得其在上市公司外部治理中的地位日益受到重視。中國機構投資者雖然出現較晚，但近年來實現了「超常規的發展」，使其有能力對上市公司更多地「發聲」。在今後的發展中，中國的機構投資者不僅要從「量」上做大，更要從「質」上提高，從中小股東的利益出發，加強對上市公司大型的併購活動實施積極干預，保護自身利益。

作為債權人的主體，中國銀行業近年來實現了整體的飛躍。但是，實際工作中也存在不少缺陷。在貸款中，重貸款前的風險防範，輕貸款後的風險控制。併購是風險性較高的戰略投資行為，銀行業作為上市公司併購資金的主要提供者，應該加強併購資金發放與使用的事前、事中和事後的監控，如對資金發放數量的控制、貸款資金投向監督、企業經營狀況的掌握等，避免自身利益受到損害。

7.2.2　宏觀層面：強化對外部投資者的保護

公司治理框架中，相對於控股股東和高管，外部投資者處於相對弱勢的地位，這就需要在宏觀層面，加強對外部投資者，尤其是中小股東和債權人的保護。這表現在以下幾個方面。

（1）加強對中小股東的保護。中小股東的天然弱勢地位，使得通過法律保護中小股東利益成為必然。相對海洋法系國家，大陸法系國家由於中小股東利益的保障較弱，資本市場規模較小，其利益常常得不到保障。因此中國應該借鑑美英等國的經驗，通過相對嚴厲的法條，如「股東訴訟」等約束上市公司的不良行為。股東直接訴訟是指中小股東為了保護自己的利益對公司或其他侵權人包括大股東、公司董事以及監事等提起的訴訟。這樣中小股東發起直接

訴訟不必經過特別的審查程序。中國在今後完善公司法時可以考慮借鑑該經驗建立相應制度，適當放寬中小股東起訴的條件。

（2）加強對債權人的保護。其一，從法律角度，完善破產法，從目前中國的新舊兩部破產法來看都存在一定的缺陷。理論上講，破產會導致公司所有權實現從股東向債權人的轉移，在某種程度上避免清算中股東對債權人利益的侵害。因此，在破產法中必須強調債權人對公司重大事務的主導權，有限參與公司治理；建立債權人會議制度，在進入破產程序後通過債權人會議主張相應的權利。其二，強化公司信息披露制度。由於債權人不參加公司的經營管理活動，因此，公司有必要公開經營及財務狀況，便於債權人掌握，同時保證公開和披露信息的真實性與完整性，嚴禁提供虛假信息，否則應追究其直接負責人及相關人員的法律責任。其三，通過建立一套系統機制，完善債務二級市場。通過二級市場提供有關債務價值的客觀信息，能加快債務的結構調整。沒有二級市場價格的正確引導，債務結構調整的參與方達成協議是十分困難的。

（3）規範機構投資者。伴隨著 2001 年證監會提出的「超常規發展機構投資者」的思路和 2005 年底以來中國股市的牛市行情，中國基金業實現了跨越式的發展。但相關實證研究發現，基金業的發展並未促進市場的穩定和理性，反而加重了機構重倉股的波動。① 在其自利性傾向的引導下，中小股東利益受到損害。因此，在規模得到提升後，證監會等相關部門應進一步加強對機構投資者的約束與規範，使之在併購等重大的公司決策中，更多地從中小股東的立場出發，約束公司高管的代理行為。

筆者希望通過本書能夠起到拋磚引玉的作用，為併購的經濟後果提供一個思路，讓更多的人從各個方面深入研究併購活動的諸多問題，提出切實可行的辦法，從而促進中國併購市場的健康穩步發展。由於筆者理論水準有限，文章中還存在諸多不足，其中一些觀點可能有待商榷，論證也不夠充分，需要進一步探討。這主要包括以下幾個方面。

（1）併購對各類利益相關者帶來不同的財富效應，本書利用可獲得的數據，研究了流通股東、債權人、高管、普通員工和政府五個方面，並獲得了相應的結論。作為大陸法系國家，中國上市公司普遍存在大股東控制現象，併購對控股大股東的影響也是併購經濟後果研究中的一個重要方面，但目前對控制權收益的計量是一個世界性的難題，筆者在研究中無法突破這一瓶頸，未對其進行實證檢驗。

---

① 蔡慶豐，宋友勇. 超常規發展機構投資者能穩定市場嗎？[J]. 經濟研究，2010（1）.

（2）債權人保護及併購對債權人的影響是國內研究的薄弱領域，本書試探性地從會計指標的角度，衡量了債權人的風險與收益，並做出了相應的實證檢驗。而如何全面考量債權人的風險與收益，需要進一步地深入探討；同時隨著中國企業債券市場的發展、上市公司債券融資數量的增多，有可能為主並公司債權人財富效應提供事件研究的平臺，這也是併購今後進一步研究的方向。

（3）併購的經濟後果，涉及經濟學、社會學、管理學、法律等多個學科，本書主要是從財務的視角對這一宏大的問題做出淺顯的研究，而對於其他方面，限於筆者能力並未做出相應的研究，這都需要今後進一步加以解決。

參考文獻

陳朝陽，1998. 中國企業併購論［M］. 北京：中國金融出版社.

陳珠明，趙永偉，2003. 企業併購：成本收益與價值評估［M］. 北京：經濟管理出版社.

陳玉罡，李善民，2007. 併購中主並公司的可預測性［J］. 經濟研究（4）.

陳佳貴，2007. 外資併購與外資政策理論研究的新探索［J］. 經濟研究（3）.

陳冬華，陳信元，萬華林，2005. 國有企業中的薪酬管理與在職消費［J］. 經濟研究（2）.

陳耿，周軍，2004. 企業債務融資結構研究——一個基於代理成本的理論分析［J］. 財經研究（2）.

陳小悅，徐曉東，2001. 股權結構企業績效與投資者利益保護［J］. 經濟研究（11）.

常建坤，李時椿，2005. 對企業併購重組風險的分析與思考［J］. 經濟問題（11）.

鄧漢慧，張子剛，2006. 企業核心利益相關者共同治理模式［J］. 科研管理（1）.

鄧遠軍，2005. 併購中關聯資產交易的會計與稅收問題探討［J］. 涉外稅務（10）.

鄧瑩，2003. 政府干預下的中國併購交易［J］. 經濟研究（4）.

DE P D，2004. 兼併、收購和重組：過程、工具、案例和解決方案綜合指南［M］. 北京：機械工業出版社.

杜君卓，2003. MOB 利益相關方利弊分析與風險防範［J］. 現代管理科學（6）.

方軍雄，2009. 中國上市公司高管的薪酬存在粘性嗎？［J］. 經濟研究（3）.

飯島秀幸, 2005. 兼併與收購 [M]. 呂明哲, 譯. 大連：東北財經大學出版社.

高愈湘, 2004. 中國上市公司控制權市場研究 [M]. 北京：中國經濟出版社.

管斌, 管慧娟, 2001. 論公司合併中的利益相關者保護 [J]. 湖北廣播電視大學學報 (12).

郭復初, 江濤, 2007. 當前國有資產監管中幾個亟待解決的新問題 [J]. 國有資產管理 (3).

韓霖, 2003. 企業併購新趨勢及對中國稅制的挑戰 [J]. 稅務研究 (5).

賀伊琦, 2006. 企業併購會計處理方法的稅收籌劃 [J]. 黑龍江對外經貿 (3).

黃鳳羽, 2003. 企業併購行為中的稅收政策效應 [J]. 中央財經大學學報 (6).

黃黎明, 2002. 併購過程中的納稅籌劃 [J]. 涉外稅務 (2).

洪錫熙, 沈藝峰, 2000. 中國上市公司資本結構影響因素的實證分析 [J]. 廈門大學學報（哲學社會科學版）(3).

胡玄能, 2002. 企業併購分析 [M]. 經濟管理出版社 (1).

敬景程, 2004. 利益相關者博弈均衡與公司治理績效 [J]. 四川大學學報（哲學社會科學版）(4).

江若塵, 2006. 企業利益相關者問題的實證研究 [J]. 中國工業經濟 (10).

江偉, 沈藝峰, 2005. 大股東控制、資產替代和債權人保護 [J]. 財經研究 (12).

WESTON J F, CHUNG K S, SIU J A, 1999. 接管、重組與公司控制（英文版）[M]. 北京：華夏出版社.

柯昌文, 2009. 公司重組的債權人財富效應研究綜述 [J]. 價值工程 (5).

劉秋東, 2009. 談企業併購的整合風險及其控制 [J]. 財會月刊 (8).

劉峰, 賀建剛, 魏明海, 2004. 控制權、業績與利益輸送——基於五糧液的案例研究 [J]. 管理世界 (8).

劉勇, 2004. 企業併購中政府行為的目標選擇與尋租分析 [J]. 經濟評論 (2).

劉平, 2003. 國外企業併購績效理論及實證研究評述 [J]. 國外經濟與管理 (7).

劉亞錚，譚勁松，2002. 企業併購決策的博弈分析［J］. 技術經濟（10）.

李焰，秦義虎，黃繼承，2010. 在職消費、員工工資與企業績效［J］. 財貿研究（7）.

李善民，2004. 中國上市公司資產重組績效研究［J］. 管理世界（8）.

李心丹，朱洪亮，張兵，等，2003. 基於 DEA 的上市公司併購效率研究［J］. 經濟研究（10）.

林軍，利益相關者與公司控制權安排［J］. 暨南學報（人文科學與社會科學版）（4）.

陸正飛，祝繼高，孫便霞，2008. 盈餘管理、會計信息與銀行債務契約［J］. 管理世界（3）.

呂長江，宋大龍，2007. 企業控制權轉移的長期績效研究［J］. 上海立信會計學院學報，21（5）.

呂常影，2006. 論利益相關者理論對中國企業績效評價的影響［J］. 大慶師範學院學報（1）.

潘紅波，夏新平，餘明桂，2008. 政府干預、政治關聯與地方國有企業併購［J］. 經濟研究（4）.

夏雲峰，醋衛華，羅鑫，2007. 商業負債影響因素的實證研究及其債權人保護［J］. 廣西財經學報（2）.

孫錚，劉風委，李增泉，2005. 市場化程度、政府干預與企業債務期限結構［J］. 經濟研究（5）.

孫永祥，2002. 公司治理結構：理論和實證研究［M］. 上海：三聯書店.

宋耘，2007. 併購績效的協同效應觀［J］. 廣東社會科學（2）.

施東暉，2003. 上市公司控制權價值的實證研究［J］. 經濟科學（6）.

唐建新，賀虹，2005. 中國上市公司併購協同效應的實證分析［J］. 經濟評論（5）.

唐宗明，蔣位，2002. 中國上市公司大股東侵害度實證分析［J］. 經濟研究（4）.

陶莉，田銀華，2003. 論中國企業併購中政府行為的諾斯悖論［J］. 湖南工程學院學報（社會科學版）（3）.

陶曉慧，2009. 資產替代、債務期限結構與債權人保護［J］. 經濟與管理研究（8）.

童盼，陸正飛，2005. 負債融資、負債來源與企業投資行為［J］. 經濟研究（5）.

吳超鵬，吳世農，鄭方鑣，2008. 管理者行為與連續併購績效的理論與實證研究 [J]. 管理世界 (7).

萬良勇，魏明海，2009. 集團內部資本市場、銀行債務與債權人保護 [J]. 南方經濟 (1).

王宏利，2005. 企業併購績效與目標公司選擇——企業財務會計實證模型應用 [M]. 北京：中國財政經濟出版社 (1).

王一，2001. 企業併購 [M]. 上海財經大學出版社 (1).

王海霞，王化成，2008. 債權人法律保護對控制性股東利益侵占行為的影響 [J]. 中南財經政法大學學報 (6).

王熙，2010. 企業併購的風險分析 [J]. 企業管理 (1).

王義秋，王琳，2004. 企業併購定價的博弈分析 [J]. 東北大學學報（自然科學版）(6).

王輝，2003. 公司治理評價體系中利益相關者指標 [J]. 南開管理評論 (3).

王躍堂，1999. 中國證券市場資產重組績效之比較研究分析 [J]. 財經研究 (7).

威斯通，鄭光，侯格，2003. 兼併、重組與公司控制（中文版）[M]. 北京：經濟科學出版社.

肖作平，廖理，2006. 大股東、債權人保護和公司債務期限結構選擇——來自中國上市公司的經驗證據 [J]. 管理世界 (10).

肖作平，2005. 對中國上市公司債務期限結構影響因素的分析 [J]. 經濟科學 (3).

袁衛秋，2004. 債務期限結構理論綜述 [J]. 會計研究 (10).

於萍，2007. 公司治理中利益相關者理論的產權分析 [J]. 山東工商學院學報 (12).

楊瑞龍，周業安，1998. 論利益相關者合作邏輯下的企業共同治理機制 [J]. 中國工業經濟 (1).

楊潔，2005. 企業併購整合研究 [M]. 北京：經濟管理出版社 (1).

楊瑞龍，周業安，2000. 企業利益相關者理論及其應用 [M]. 北京：經濟科學出版社.

張德亮，2004. 企業併購及其效應研究——以上市公司為例 [M]. 北京：中國農業出版社.

張穎杰，徐春榮，2007. 試論企業兼併與債權人利益的保護 [J]. 財會通

訊（理財版）（5）．

張新，2003. 併購重組是否創造價值？[J]．經濟研究（6）．

張宗新，季雷，2003. 公司購並利益相關者的利益均衡嗎？[J]．經濟研究（3）．

張維迎，1999. 企業理論與中國企業改革［M］．北京：北京大學出版社．

張瓊，2005. 企業併購協同效應的研究［D］．天津：天津大學．

周林，2002. 企業併購與金融整合［M］．北京：經濟科學出版社．

周隆斌，2001. 企業併購中財富效應分析［J］．財經科學（5）．

周小春，李善民，2008. 併購價值創造的影響因素研究［J］．管理世界（5）．

朱紅軍，汪輝，2005. 併購的長期財富效應——經驗分析結果與協同效應解釋［J］．財經研究（9）．

朱乾宇，2002. 中國上市公司併購價值的多元迴歸分析［J］．中南民族大學學報（3）．

趙新杰，2007. 中國企業債券市場發展及其對商業銀行的影響［J］．金融論壇（4）．

祝春雨，2006. 企業併購協同效應及其影響因素［D］．北京：對外經濟貿易大學．

鄭江淮，何旭強，王華，2001. 上市公司投資的融資約束：從股權結構角度的實證分析［J］．金融研究（11）．

AGRAWAL A, JAFFE J F, MANDELKER G N, 1992. The post-merger performance of acquiring firms: A re-examination of an Anomaly [J]. Journal of finance, 47: 1605-1621.

AMBURGEY T L, MINER A S, 1992. Strategic momentum: The effects of repetitive, positional and contextual momentum on merger activity [J]. Strategic management journal, 13 (5): 335-349.

AMIHUD Y, LEV B, 1981. Risk reduction as a managerial motive for conglomerate mergers [J]. Bell journal of economics, 12: 605-617.

ANDRADE G, MITCHELL M, STAFFORD E, 2001. New evidence and perspectives on mergers [J]. Journal of economics perspectives, 15.

ANSOFF H I, 1965. Corporate strategy: An analytic approach to business policy for growth and expansion [M]. New York: McGraw-Hill.

BERGER P G, OFEK E, 1999. Causes and consequences of corporate refocusing programs [J]. Review of financial studies, 12: 311-345.

國家圖書館出版品預行編目（CIP）資料

企業併購的財富效應研究 / 鄭豔秋 編著. -- 第一版.
-- 臺北市：財經錢線文化, 2020.06
　　面；　公分
POD版

ISBN 978-957-680-444-1(平裝)

1.企業合併 2.企業聯營

553.73　　　　　　　　　　　　　　109007396

書　　名：企業併購的財富效應研究
作　　者：鄭豔秋 編著
發 行 人：黃振庭
出 版 者：財經錢線文化事業有限公司
發 行 者：財經錢線文化事業有限公司
E-mail：sonbookservice@gmail.com
粉 絲 頁：　　　　網　址：
地　　址：台北市中正區重慶南路一段六十一號八樓815室
8F.-815, No.61, Sec. 1, Chongqing S. Rd., Zhongzheng
Dist., Taipei City 100, Taiwan (R.O.C.)
電　　話：(02)2370-3310 傳　真：(02) 2388-1990

總 經 銷：紅螞蟻圖書有限公司
地　　址：台北市內湖區舊宗路二段121巷19號
電　　話:02-2795-3656 傳真:02-2795-4100　　網址：
印　　刷：京峯彩色印刷有限公司（京峰數位）

　　本書版權為西南財經大學出版社所有授權崧博出版事業股份有限公司獨家發行電子
　書及繁體書繁體字版。若有其他相關權利及授權需求請與本公司聯繫。

定　　價：300元
發行日期：2020年06月第一版
◎ 本書以POD印製發行